JN411285

# 나답게 산다는 것

반영동 수필집

# 나답게 산다는 것

반영동 수필집

## 작가의 말

나는 나답게 살고 싶다.

나답게 산다는 것이
내 욕심만으로 사는 것이 아니다.
나는 내 모습 그대로
초심을 잃지 않고 사는 것이다

넘침도 없고 모자람도 없이
넘칠 듯 말 듯
그냥, 그렇게
지는 것이 이긴다는 마음으로
나는 나답게 살았다.

눈치에 살지 않았고
누군가와 비교하지 않으며
자아의 중심적 삶이
내 인생의 주인공이 되어

나는 나답게 살았다.

나답게 산다는 게
사진 속에 나의 시선 그렇고
시 속에 나의 언어가 그렇고
수필 속에 내 향기가 그렇고
나의 시 낭송 목소리가 그러했다.

눈높이 낮춰가며
작은 것도 만족할 줄 알며
최고보다 최선으로
삶의 가치를 높이려고
나는 나답게 살았다.

2021년 가을

반 영 동

차례


## 1부 가족사진

013 아내의 신음 소리를 귀 막고 들었습니다

017 빨간 똥의 향기

022 가벼워 업지 못하는 내 어머니

027 어머니 옥시기

032 물의 찬가

036 어머니 입맛

040 가족사진

045 아버지 학교에서

050 아버지의 자리

054 막걸리 한 모금

057 검정 고무신

## 2부 깡 보리밥

065 무승(無勝)

070 깡 보리밥

074 나는, 나답게

079 내 이름을 불러 주세요

084 팬티 속의 비상금

088 초임 발령

092 교단 수기

096 총각 선생님

099 나의 술 역사

103 나이는 숫자

107 인생은 후반전

## 3부 천수답

113 사윗감 면접

118 웃음으로 살자

122 제 이름을 아시나요

127 말의 상처

131 몸이 녹슬기 전에

136 애완동물은 행복할까

141 글의 힘

145 천수답

149 삶과 종교

153 코골이는 싫어

157 장수는 행복만은 아니다

## 4부 감나무 집

163 감나무 집

166 모순(矛盾)의 창

170 수학여행

173 군대 이야기

177 사진 미학

181 옛날이야기

184 수필의 향기

187 셋방살이

192 취미와 등산

195 사진 출사

198 혼자라서 더 아프다

# 1부
# 가족사진

사진 속 자식들이 그 당시 내 나이가 되었으니
사진을 볼 때마다 감회가 새롭다.
자식들이 결혼해서 부모 곁을 떠나
20년 이상 세월이 흘렀어도 어릴 적 사랑스러운
모습을 항상 그 모습으로 볼 수가 있어 행복하다.
언제나 어린 자식들과 함께 살고 있으니
나는 남보다 늙는 속도가 느린 것 같다.

# 나답게 산다는 것

# 아내의 신음 소리를 귀 막고 들었습니다

오늘도 링거주사 방울방울 지는 소리를 당신의 심장 소리로 듣습니다. 당신은 무너진 심장 판막 때문에 입원하여 수술 날짜를 닷새째 기다리고 있습니다. 입원하고서 밥 한술도 천근처럼 수저 들기도 힘들어하는 당신을 바라볼 적마다 오늘 밤도 무사할까 두렵기만 합니다. 이제껏 살아오면서 밥 충이라던 당신이 사약을 거절할 수 없는 심정으로 먹지도 못하는 밥을 바라만 보고 있습니다. 그렇게도 잘만 먹던 밥이 싫어서 바라만 보는 당신을 어떤 말로 달래야 할지 모르겠습니다. 밥마저 밥알 한 알, 한 알 헤아려 먹다가 그 마저 먹지 못하고 바라만 보는 눈길이 애처롭기만 합니다. 손목에 힘이 없어서 잡다가 놓쳐버린 젓가락 소리가 판사가 사형 판결로 두드리는 법봉法棒 소리보다도 더 무섭게 들립니다

"여보, 먹어야 살지, 이 사람아." '…… 으~음'

"억지라도 한 술 더 먹어봐요"

"내가 먹여 줄까."

'아 ……아'

침묵만으로 대답하는 당신은 묻는 말마다 대답할 힘조차 없어서 고갯짓만 두어 번, 말 한마디 없습니다. 아픔을 웃음으로 바꿔 보려는 신음을 오늘도 녹음된 소리로 들어야만 합니다. 오늘 밤에도 당신의 신음소리가 무서워서 귀를 막고 들어야 합니다. 어둠이 삼켜 버릴 신음마저 버리지 못한 채 휑한 얼굴로 새벽닭 울음소리는 멀기만 합니다. 숨쉬기마저 힘들어하는 당신에게 교회 종소리는 제 살 아픈지 모르고 '댕댕' 거리며 희망을 버리지 말라 합니다. 내일도 희망이 없을까? 두려움에 떨다가 뼈만 남은 당신의 손가락 마디마디에 눈물 자국만 얼룩으로 남습니다.

소금기에 젖은 당신의 손등은 눈물 마를 날이 없어서 파도 소리로 듣는 밤이면 핸드폰에 담아 둔 당신 이빨 환한 웃음을 마주할 수 없어 지난날을 눈물로 따라 웃고 있습니다. 상처 없는 웃음으로 반짝이는 별빛이 그리운 밤이면 신음을 잠재우지 못해 흘려야 할 눈물조차 다 말랐습니다.

살아갈 날이 살아온 날보다 짧다 하면서 운명은 재천이라 하지만 당신을 하늘나라로 보내기에는 아직은 당신의 나이가 너무 이르지 않겠소.

당신이 올봄에 심은 감나무가 첫 열매를 맺으려면 아직도 몇 년은 더 기다려야 하는데 식어가는 당신의 심장 소리는 언제나 봄꽃으로 피어날까요.

오늘 하루를 사는 것도 감사한 마음으로 살아가건만 거절할 수 없어 밥상만 바라보는 눈길이 어느 한 곳 머물지 못해 총명하던 눈빛은 점점 희미해져 갑니다.

잡초마저 함부로 밟지 않고 살아온 당신이 죄목 없는 형벌에 별들도 눈물 흘려 울지도 못하는 밤하늘에 마른번개 외마디를 당신의 비명으로 듣다가 놀란 가슴이 아직도 쿵쿵대고 있습니다.

입원한 지 닷 새가 되는 날, 심장 수술실 앞에서 자식 두 놈 데리고 다시 태어날 당신을 일곱 시간이 지나도록 기다리고 있습니다. 혹시나 당신이 하늘나라로 먼저 불려갈까 두려운 마음에 당신이 맡겨 놓은 염주 묵언 기도에 부처님은 당신을 버리지 않았나 봅니다. 중환자실에서 들려오는 당신의 비명소리가 살아났다는 소리로 반갑기만 합니다. 극락세계를 오가며 비몽사몽 헤매다가 네 시간 만에 중환자실에서 들려오는 비명소리를 아침 햇살보다 더 밝게 들었습니다. 참아준 눈물 고맙고 아픔마저 사랑하며 살아서 돌아온 당신 너무도 감사합니다. 하나님, 부처님, 부족한 기도에도 또다시 생명을 주셔서 고맙고 또 고맙습니다.

올가을에 당신과 약속한 단풍 구경 가는 날, 심장 소리 더 붉게 물들여 「처음처럼 살자」 시 속에 우리 사랑 더 깊게 새겨 봅니다.

당신과 나/ 흑백사진처럼/ 하양 껌정으로/ 처음처럼 살자//

몸뚱이만 탐하는/ 저 붉은 혓바닥보다/ 처음 입맛 그대로/ 처음처럼 살자//

우리 빈손도/ 무겁다던/ 그 시절로/ 처음처럼 살자//

위도 없고/ 아래도 없는/ 그냥 그 자리에서/ 처음처럼 살자//

잘 났다 고깔 쓰고/ 못났다고 엉덩방아/ 그런 거 없었다고/ 처음처럼 살자//

마음 까지/ 화장化粧 말고/ 그때 그 마음으로/ 처음처럼 살자.

— 반영동 시집 『가로로 부르는 노래』, 「처음처럼 살자」

# 빨간 똥의 향기
## — 맞고

어머니 방 옷걸이에는 겨울과 봄옷이 함께 걸려 있다. 요즘에 봄 날씨는 변덕이 심해서 봄인가 하면 겨울이고 겨울인가 하면 봄 날씨다. 날씨가 마치 며느리 마음 같다 하시던 어머니, 오늘은 제발 며느리 마음이 봄날 같기만 바라시다가 문밖에 동정을 기척으로 살피다가 심심풀이 화투패로 오늘의 운수를 보고 있다.

아내는 남편과 자식들이 모두 직장과 학교로 가고 나면 주방에서 설거지하는 소리로 거실에 켜 놓은 녹음기에서 들리는 유행가 노랫가락을 구성지게 듣는다. 어머니는 들어도 모르는 노랫말에 귓전 밖이다. 아내는 노랫가락 따라서 흥얼대다가 싫증이 났는지 멈춤을 누른다. 음악 소리가 갑자기 멈추자 적막함이 더 한 것 같다. 절간 같은 집안 분위기에 어머니와 아내는 서로가 상대방 심중을 헤아리고 있다. 아내는 오늘과 내일의 일정을 머릿속으로 정리하다가 어머니의 방문을 열고 눈치를 살펴 가며

"어머님 적적하시면 고스톱 치시겠어요?"

"얘 심심한데 잘됐다"

아내는 초등학교 동창들과 내일 12시에 점심 모임이 있어서 어머니 환심을 사려는 의도였지만 며느리의 속내도 모르는 어머니는 그래도 기분 좋은 일이었다.

거실 한 편에 화투판을 펴고서 각자의 속마음도 모른 채 맞고를 친다.

"빨간 똥이네! 빨간 똥은 피가 두 바가지, 옳지, 똥 먹어야겠다. 아이쿠, 얘야. 똥 쌌다' 며느리는 똥을 싸서 서운해하시는 어머니 달래려고

"어머니 걱정하지 마세요. 제가 먹을(치울)게요."

며느리는 어머니가 무더기로 싸 논 똥을 치운다며 어머니 마음을 달래고 있다. 아무리 어려운 시어머니라 하지만 어머니가 싼 똥을 치우며 좋아하는 효심을 보라. 똥 싼 걸 후회하며 똥 치

우는 며느리 손을 바라보며

"애야 내 똥 치우느라 수고했다."

어머니 한마디에 웃음이 집안 가득하다. 어머니의 환심을 산 며느리는 내일 약속한 모임 걱정은 덜게 됐다. 고부간에 대화는 들어도 들어도 아름답기만 했다.

어머니는 형님이 돌아가시고 나서 우리 집으로 오셨다. 아들 집인데도 남의 집처럼 불편한가 보다. 그런 어머니가 경로당을 다니고부터는 불편한 심기가 점점 줄었다.

어머니가 오신 후 어머니 방에서 들리는 코 고는 소리가 어젯밤은 천둥소리요. 오늘 밤은 자장가다. 자식들이 가난에 찌들지 않게 키우시려 고생한 소리를 들어 보라는 듯 천둥 같은 호령이시다. 가끔은 세상만사 쓰다 하시며 '푸우-푸' 지난 아픔을 뱉어내시다가 작은 소리로 쌕쌕하실 적엔 피곤한 자식들 밤잠 잘 자라는 자장가로 들었다.

백수 하실 것처럼 증손자 걱정하시던 어머니도 숨소리가 점점 거칠어지더니 몸도 쇠약해지셨다. 늦가을 찬 바람 불던 시월에 뇌 손상으로 병원에 입원하게 되었다. 자식 4형제지만 몸이 불편한 형수는 늙었고, 수원 동생 내외는 직장 때문에 어렵고, 여동생은 손자 두 놈 보느라 어머니의 간병을 할 수 없는 처지였다. 마땅하게 간병 할 가족 한 사람 없었다. 할 수 없어 어머니와 아내는 병원에서 실전으로 맞고를 칠 수밖에 없었다. 어머니는 똥을 싸고 며느리는 치우기를 두 달간 하루도 빠짐없이 맞고를 치다가 아내도 지쳤는지 일당 8만원을 주고 대타(간병인)를 내세웠다. 그러나 그는 한 달 동안 어머니의 적수가 되지를 못해서 결국 포기하고 말았다. 할 수 없이 아내는 어머니와 빨간 똥 맞고를 다시 칠 수밖에 없었다.

입원을 하고서 넉 달도 못 되어 임종하시기 일주일 전에 마지막 맞고는 집에서 치고 싶다고 하시며 퇴원을 재촉하셨다. 병원 측에서도 그럴 시기가 되었다며 허락을 해서 퇴원을 시켰다. 어머니를 방에 모시고 주위 사람들 눈치를 보지 않고 편안한 마음으로 며느리와 맞고 치시던 어머니는 음력 정월 초나흘 날, 마지막 화투패를 접으셨다. 임종하시기 전에 며느리한테 감춰둔 비상금 모두를 내어 주시며 '그간 저주는 맞고 쳐줘서 고맙다.' 하시며 빨간 똥 없는 하늘나라로 가셨다.

똥에 젖은 옷 벗기시고 영원히 벗지 못할 찬바람 숭숭 삼베옷 한 벌 입혀 강당 산에 모시던 날. 찬바람에 시리실까 봉분 높여 통곡할 때 함박눈 수북이 쌓여 며느리 시린 마음 달래고 있었습니다.

"여보, 어머니 생전에 빨간 똥 맞고 치느라 고생 많았소."

똥은 더러워도 치운 손은 아름답다고 합니다. "여보！ 미안해. 그리고, 고마워."

'나 이제 남은 인생 당신과 함께 똥 없는 맞고 치며 항상 당신께 져 주며 살겠습니다.'

* 맞고 : 화투놀이에 일종인 고스톱을 둘이서 치는 행위

# 가벼워 업지 못하는 내 어머니

시집을 뒤적이다, 내 마음과 같은 시를 보고 놀라웠다. 일본 이시카와 다꾸보꾸가 쓴 「우수개 삼아」 하이쿠다.

우스개 삼아 엄마를 업었으나
너무 가벼움에 눈물겨워
세 발자국도 못 걸었네

장난삼아 자기 어머니를 업었다가 너무도 가벼움에 눈물짓는 모습에서 나도 내 어머니 생각이 납니다.

어머니는 형님이 돌아가시고 나서 둘째 자식도 자식이라 하시며 우리 집으로 오셨습니다. 오신지 며칠은 자식 집인데도 불편해하십니다. 부모는 큰 자식이 모시어야 한다는 고정 관념에 나는 공휴일을 뻔히 두고도 바쁘다는 핑계로 어머니 모시고 나들이 한번 제대로 간 적이 없습니다. 오랜 시간의 거리를 두고 살아서 낯설어하시는 것 같았습니다. 코앞에 자식이 자식인가 봅니다.

6월 장맛비가 쏟아지던 날, 우산도 없이 경로당에 가신 어머니가 비 맞을 걱정에 경로당으로 달려갔습니다. 경로당에는 자기 부모 비 마중 온 사람은 서너 명뿐이었습니다. 반가워하시는 어머니를 모시고 집으로 돌아오는 길에 어머니 잡은 손이 너무 시렸습니다. 따뜻한 정을 자식에게 내주시고 껍질만 남은 빈손이 시릴 수밖에 없었습니다. 어머니 모시는 것을 부담으로 생각하며 살아온 것이 후회스러워 또다시 어머니의 손을 잡으며

"어머니, 미안해요, 자식 구실도 제대로 못 해서." "아니다, 그런 말 마라. 네가 경로당에 다녀간 후에 자식을 잘 뒀다고 칭찬하는 사람들이 많다." 하십니다.

경로당에 갈 적마다 빵과 음료수, 막걸리 몇 병 사다 드린 걸 두고서 하는 말 같았습니다. 그 후에도 자식을 잘 뒀다며 어머니를 부러워하는 사람이 많다는 말을 듣고서는 나는 경로당 찾아가는 발길을 멈출 수가 없었습니다. 집으로 돌아오는 길에 어머니가 가끔 들린다는 식당에 갔습니다. 어머니가 좋아하시는 두부

안주로 막걸리를 마시며 내가 초등학교 시절에 소낙비 맞던 이야기를 들려주셨습니다. 먹구름만 몰려와도 소낙비 걱정에 하던 일을 팽개치고 학교로 달려오셨다는 어머니 이야기였습니다. 창밖에 빗줄기를 바라보며 '엄마 한 잔, 나도 한 잔' 술을 마셨습니다. 애인과 속삭임 속에 커피 향도 이보다 못할 것 같았습니다. 어머니는 속내를 감추시고 술이 부족한 듯하시며 세 번째 내 술잔을 앞으로 당기시며

"오늘은 술맛이 참 좋구나! 내가 한 잔 더 마셔야겠다." 하십니다. 자식이 술을 많이 먹으면 속을 버릴까 하는 마음에서 어머니는 속이 아플망정 자식을 대신해서 더 잡수려는 어머니 속마음을 내 어찌 모르겠습니까. 아마도 술이 아니라 보약이라면 어머니는 보약을 내 앞에 밀어 놓으시며 "나는 속이 아파서 못 먹겠다. 너나 더 먹어라"하실 어머니이었습니다.

드라마 같은 장면에 주모도 제 어머니 생각이 났는지 눈시울 붉히며 술값이 공짜라며 허풍을 떱니다. 장사한 지 10년이 지났지만 제 어머니를 모시고 술집을 찾는 자식은 처음이라고 합니다. 그 말이 칭찬이든 흉이든 어머니와 나의 애정은 어머니가 자리에 눕기까지 변함이 없었습니다.

빗방울이 불쑥불쑥 솟아나는 아스팔트 빗길이라 미끄러운지

예식장 신부 입장 걸음걸이 조심성에도 조금씩 비틀거리십니다. 육십 대만 해도 걸음걸이 빨라서 바람개비라 하시던 어머니도 세월 앞에는 어쩔 수 없는가 봅니다.

"어머니 업혀요. 제가 업고 갈게요." "얘야, 아직은 아니다."하십니다. 한사코 뿌리치는 어머니를 달래서 업고 몇 걸음을 걷다가 등에 어머니가 업혔는지 느낌이 없어서 "어머니, 어머니" 불러봅니다.

"나, 너무 무겁지. 내려놓거라."하시며 고집을 부립니다. 눈물이 맴돌아서 걸을 수가 없었습니다. 짧은 거리, 짧은 시간마저 자식 등이 무거울까. 내려달라 하시는 어머니 속마음을 내 어찌 모르겠습니까. 업힌 등을 두드리며 자꾸만 내려달라고 하실 적에는 차라리 등을 바꿔서 어머니 마음을 달래보고 싶었습니다.

몇 년 전에 어머니 칠순 잔치하던 날. 장구춤 '덩실덩실' 어머니를 업고서 춤을 출 적에 어머니 업은 등이 무거워서 추썩거리기를 열 손가락 헤아리던 어머니십니다. 그런 어머니가 지금은 한세월을 업고 살아도 추썩거림이 한 번도 없을 것만 같습니다. 업힌 등에서 들려오던 어머니 심장 소리 '쿵쿵' 자식들한테 힘이었는데, 지금은 숨소리마저 시들어가니 눈물이 납니다. "엄마야! 아빠야! 강변 살자" 콧노래 흥얼거리며 어머니를 업고서 돌아오던 짧은 순간이지만 어머니에게는 긴 행복으로 느꼈는지 모처럼 엷은 미소를 보입니다. 어머니가 보여준 웃음에 의미를 이제야 깨달은 내가 부끄럽기만 합니다. 돈으로 얻은 배부름보다는 빈손 잡아 허전함을 달래 드리는 것이 늙은 어머니한테는 더 큰 기쁨인 줄 몰랐습니다. 골방에서 하루 세끼 밥이 무어 그리 대단하다고 "애비야, 고맙다." 연신 말씀하시는 어머니는 늙을수록 더 외로우신가 봅니다. 그런 어머니 방문을 열고서 얼굴 마주한 지 얼마인가요. 잠든 어머니 발끝에 걸쳐있는 이불 당겨서 덮어드린 적이 몇 번이며, 남몰래 베개 밑에 흘린 눈물 한 번 닦아 드린 적이 있던가. 가끔 용돈 몇 푼 드린 것으로 자식 도리 다한 것처럼 살았습니다. 바쁘다는 핑계로 항상 어머니의 마음을 벗어나 살던 자신이 부끄럽기만 합니다. 잡지 못할 세월은 자꾸자꾸 흘러만 가는데 가벼워서 업지 못할 내 어머니를 어찌하나요.

# 어머니 옥시기

어머니 말씀을 항상 따뜻하게만 듣고 자랐다. 무엇보다 어머니의 자장가가 가장 듣기 좋았다. 어릴 적에 어머니가 불러 주던 자장가는 듣기만 해도 수면제처럼 금방 새근새근 잠이 들게 했다.

튼튼한 이빨은 오복 중에 하나다. 누구나 건강을 위해서 치아를 중히 여기며 산다. 그러나 평생 제 이빨만 가지고 일생을 마치는 사람은 거의 없다. 이가 빠지면 외형상 보기도 흉하다. 그뿐만 아니라 음식 먹기가 불편해서 맛도 제대로 모른다. 어떤 때는 발음이 이상해서 웃음거리가 되기도 한다.

어머니는 자식들에게 유아 음을 바르게 가르치려고 같은 말을 수백 번 따라 부르게 하던 고운 입술이다. 그런 어머니가 회갑이 지나고 나서 이가 듬성듬성 빠져 평생 뻐드렁니 두 개로 사셨다.

옥수수 발음을 제대로 못 해 이빨 사이로 새어 나오는 헛소리로 옥수수를 '옥스-스'로 발음하시던 어머니다. 이가 없으면 잇몸으로 산다고 하면서도 기분 좋게 너털웃음 크게 한 번 웃는 모습을 보지 못했다. 어머니 잇몸이 단단하면 단단해질수록 자식들 마음은 그만큼 더 아팠다.

내가 어릴 적에 장난삼아 내 손가락이 '예쁘다' 하시며 단단한 이빨로 깨물어서 아파하던 시절이 그립다.

치과병원 가기가 호랑이보다도 무섭다 하시며 어머니는 병원에 한 번 간 적이 없이 뻐드렁이 두 개로 사시다 돌아가셨다.

막내가 아파서 쩔쩔매던 밤에 밤이면 호랑이가 나타난다는 산신령 고개를 자식을 업고서 읍내 병원으로 내달리시던 천하무적 같던 어머니시다. 그런 어머니가 치과가 무섭다 하시며 병원에 가지 않는 속마음을 알 수가 없었다.

치과가 무섭다고 치료를 거부하시는 어머니 때문에 우리 5남매는 속사정도 모르는 사람들한테 불효자식이란 소리를 듣게 했다. 특히 나에게는 선생까지 하면서 알만한 사람이 제 어머니의 아픈 이도 모르는 자식이라는 말을 듣게 했다. 어머니한테 무관심한 자식이라고 손가락질을 당할 적마다 움푹 들어간 어머니 볼

이 더욱 싫었다. 자식들에게 욕을 먹일까. 말씀하실 적마다 입도 크게 벌리지 않고 입안 웅얼웅얼 발음으로 말씀하셨다. 빠진 이빨 자리를 감추려고 손등으로 입을 가리고 큰 웃음 한번 없는 어머니를 볼 때마다 화가 나서 미워지기도 했다. 자식들 체면 좀 살려 달라는 모진 소리에도 어머니의 잇몸은 더 단단해져만 갔다.

둘째 아들이 치과 대학교를 졸업하고 인턴과정에 있을 때 어머니가 돌아가셨다. 할머니 치료 한 번 해드리지 못한 것을 안타까워했다. 그러다가 병원을 개원하고서 할머니의 아픈 이를 치료해주지 못한 안타까움에 불우한 사람을 한 달에 몇 명씩 무료로 치료해 주고 있다. 어머니의 뻐드렁이 두 개가 남긴 유언 같기도 하다. 어머니의 아픈 고집이 손자에게는 봉사하고 베풀며 살라는 삶의 교훈이 되었는가 보다. 치과병원을 운영하는 자식이 하는 짓을 보니 어머니의 아픈 마음을 달래 드리지 못한 나 자신이 부끄럽기만 하다.

어머니 뻐드렁니가 보기 싫어서 가슴에 새겨둔 자작시 「어머니 옥시기」다.

잇몸 단단한 사람들/ 모두/ 옥수수라 해도//

앞니 빠진 어머니/ 받침 하나 세우지 못해/ 혓소리 덧세워 옥시기라 하셨습니다//

세상사는 일 물렁치 않다/ 입술 깨물며/ 단단하게 살라 하시지만/ 물어뜯지 못한 옥수수는 옥시기어야만 했습니다//

말랑말랑한 사랑 그립다 하면서도/ 단단한 삶에 익숙한 당신/ 옥수수란 말 거추장스럽다/ 옥시기란 말에 밑줄 긋고/ 당신의 탄탄한 기억을 더듬어 보지만/ 점 하나 붙일 수 없는 냉정함으로/ 언어의 살점 하나 붙일 수 없어//

물렁물렁한 삶도 어금니처럼 사시던 당신/ 이 빠진 틈새로 새 나오는 콧소리/ 언제 들어도 말랑말랑 합니다//

— 반영동 시집 『가로로 부르는 노래』, 「어머니 옥시기」

어머니 제삿날 밤, 영정사진에 어금니가 없어서 움푹 파인 볼로 웃고 계시니 울음인지 웃음인지 나도 몰라서 울고 웃다가 새벽잠이 들었다.

어머니가 용서해 줄까 두렵다. 자식들에게 경제적 부담이 될까? 치과가 무섭다는 핑계로 아픔을 참고 사신 어머니에 속마음을 알아차리지 못하고 치료해 드리지 못한 지나간 날이 후회스럽기만 하다.

살림이 어렵지 않은 자식이지만 그래도 치료비가 부담될까. 아픈 이빨 마음속에 감추고 사시다가 돌아가신 어머니, 아직도 어머니 이 빠진 틈새로 새 나오는 콧소리를 지금도 아픔으로 듣고 있다.

# 물의 찬가
## — 물처럼 사신 아버지

오세영의 시 '폭포'에서 김명인은 폭포의 이면을 다음과 같이 이야기하고 있다.

"물줄기 피워 올리는 무지개에 사람들 감탄을 하지만 물이 자신을 부수어 이루어 내는 도약을 미처 깨닫지 못한다. 흐르는 물에는 도도한 몸부림이 있고 스스로 연단하려는 의연한 의지가 있다."

물의 가르침은 자신을 깨뜨려 안일을 저버리고 투명하라 한다. 흐르는 물의 유연한 몸부림에 인간들은 유장하고 더 깊어지며, 자신을 과감하게 깨트려야만 새롭게 변신할 수 있다는 가르침이 있다.

흐르는 물은 썩지 않는다는 무언의 가르침이다. 물은 흐름과 멈춤을 반복하면서 자신의 내면세계로 세상을 살아가는 이치를 일깨운다. 물은 멈춤은 멈춤대로 흐름은 흐름대로 조바심도 없고 서두름도 없이 순리를 따른다. 물은 성철 스님의 말씀처럼 물은 물일뿐이다.

노자는 '인생길에서 최상의 방법은 물처럼 사는 것이다.' 라 했다. 물은 담긴 그릇 모양 따라서 변해도 자신을 어리석다 하지 않고 담긴 그릇을 탓하지도 않는다. 물은 어느 상황에서도 본질을 변치 않고 순응한다. 물은 낮은 곳으로 흐르는 걸 순리로 알고 높은 곳을 고집하지 않는다.

내 아버지는 물보다 더 낮은 삶을 사셨다. 자신이 무너져도 누구 한 사람 차돌 같은 마음으로 부딪혀보지 못한 아버지다. 어릴 적에 누구에게나 져 주며 사는 아버지가 바보인 줄 알았다.

남이 하기 싫은 일을 도맡아 하시는 아버지는 그것이 즐거움이고 행복이라고 하셨다. 형체를 고집하지 않는 물처럼 흐름의 원칙을 알고 사시던 아버지셨다. 물처럼 사시다 돌아가신 날에 흩어진 물이 모여들 듯이 많은 사람 애도 속에 장례를 치르고 나서야 물처럼 사신 아버지의 참뜻을 알 수가 있었다. 물처럼 사신 아버지는 주장이 없는 것이 아니라 유연함이요. 스스로 낮춰 사는 겸손이었다.

물의 이치를 깨우치며 살려던 내 마음에 새겨 둔 자작시 아버지의 「문고리 사랑」 이다.

그믐밤 질척대며/ 대문 삐꺽 소리로 앞마당에 들어서면/ 사랑채에서 들려오는/

아버지 헛기침 소리//

자식 밤길 반기려/ 방문 반쯤 여시고/ 눈 마중하시던 아버지/ 방문 고리 찾지 못해/ 더듬거리는 헛손질/ 그림자만 남긴 채//

인기척으로 마중하시던 아버지/ 자식 나이 마흔도 어리다고/ 아직도 담 모퉁이 박힌 돌/ 목침 높여/ 아버지 손 그림자/ 어디 가셨나//

— 반영동 시집 『어머니 가벼워서 업지 못해요』, 「문고리 사랑」

아버지 삶은 마른 논에 물 고여가듯 비운 사람부터 보듬어 가는 포용이었다. 나는 잔잔한 컵 속에 담긴 물의 고요함만 알고 자라 아버지의 참뜻을 알기에는 오랜 시간이 걸렸다. 물길 따라 자신을 스스로 낮춰 사는 것을 천심으로 알던 아버지다. 다른 사람 시선보다 몸을 낮춰 살면서도 물의 진리를 한 번도 저버린 적이 없는 아버지다. 물처럼 몸을 낮춰 살다가 돌아가신 아버지의 낮은 자리가 높기만 했다.

'맨손으로 물을 잡지 못한다고 흘러내리는 물을 원망하지 말라.' 물은 네 손이 아니라 네 마음이라 하시던 아버지시다.

물처럼 사시던 아버지는 다른 사람을 앞지르려 하지 말고 물길 따라서 시작과 끝을 따지지 말라 하셨다. 물은 언제나 높낮이 달리하여 흐르지 않고 빈자리부터 채워 간다는 물의 진리를 잊지 말고 살아야 한다.

# 어머니 입맛

어머니 입맛으로 피운 소금 꽃은 장미 입술보다 더 아름다웠다.

가족들 간도 잘 맞추시고 특히 까탈스러운 아버지의 입맛도 잘 맞춰 주시던 어머니는 우리 집에서 양념 같은 존재였다.

입맛은 양념보다 손맛이라 하시며 어머니의 몸에 밴 간으로 가족 입맛을 척척 잘도 맞춰 주신다. 어머니가 차린 밥상은 식구들이 수저도 들기 전에 군침이 돌아서 '군침 표 밥상'이라 했다. 어머니의 주물럭 손맛에 입맛이 돋아나면 달고 짜고 맵고 모두 한데 어울려 네 맛 내 맛이 따로 없었다. 멸치 한 마리 비린내로도 온 가족 입맛 돋게 하던 어머니는 가족들의 마음에 간도 잘 맞춰 참기름 없이도 고소한 가정을 꾸리시던 어머니다.

누구에게나 간을 잘 맞추시는 어머니도 가끔은 유별난 봉수 어머니와 다투기도 하신다. 세상 살다 보면 서로 입맛이 달라서 싱겁다 짜다 서로 혀 내밀며 입맛의 다툼이 있다. 그러나, 어머니는 물 한 바가지로 날 선 소금 녹이듯이 한 우물 먹고 사는 봉수 어머니 입맛도 녹여가며 사셨다.

올해는 논밭에 농작물들 물줄기를 제철에 맞춰 주지 못해서 아버지 풍년 농사는 망쳐 버렸다. 어머니는 아버지를 원망하면서도 "어디 벼 한 포기도 싱겁다 짜다 한마디 하며 크던가." 하시는 어머니 말씀에 아버지는 마른하늘도 원망하지 않았다. 어머니 말을 듣고서 아버지는 싱겁던 삶이 점점 짠맛에 젖어 갔다.

가족마다 입맛 맞춰 사는 지혜에 우리 집은 항상 입맛 나게 살았다. 간을 맞추다 놓쳐 버린 시간에 가족 입맛 상할까, 냉장고 온장고 같은 마음으로 사신 어머니다. 하나님이 바닷물의 간을 맞춰 놓았듯이 가족 입맛 따라 소금 뿌려 삭이시고, 맛 들인 조선간장, 된장 익으면 익을수록 어머니 입맛이 되었다.

소금을 한 손으로 대충 잡아도 저울보다 정확한 어머니 맛 가림이다. 비빔밥의 맛이 어머니 공통분모 손맛이었다. 사람과 사람 사이 간을 맞춰 살라 하시며 씹지 않은 음식은 깊은 맛을 모른다고 하시며 삶의 지혜를 가르쳐 주시기도 했다.

묵은 장맛에 장마철 장독 구더기 제 살을 파먹어도 자식들 마음 달래주던 「어머니 입맛」을 내 입맛으로 간을 본다.

> 자식들 입맛 돌아설까/ 옹이 박힌 손으로/ 소금밭 일구시고//
>
> 며느리 입맛 맞춰/ 자식 마음 헤아려 주시며/ 눈물 짜다 한마디못하시고 며느리 속마음까지 간을 맞추다/ 당신 입맛 버린 지 오래다//
>
> 두레상 간장 종지/ 온 가족 입맛 따라/ 간장 된장 익어가면/ 여름
>
> 장마 장독 구더기/ 제 살을 파먹어도/ 입안 가득히 고여오는/ 어머니 입맛//
>
> ─ 반영동 시집「어머니 가벼워서 업지 못해요」,「어머니 입맛」

며느리의 입맛을 맞춰가며 살기가 어렵다 하시면서 며느리의 눈치 보면서 자식들 마음을 헤아려 주던 어머니다. 며느리의 눈물이 짜다고 말 한마디 못하시며 며느리 속마음까지 간을 맞춰 사신 어머니다. 자식에 입맛 박힌 어머니 입맛도 손자 놈 눈에 밟혀 당신 입맛 버린 지 오래다.

살아온 세월 쭈글쭈글 더는 절일 것도 없다 하시면서도 자식들마저 짠맛에 찌들까 걱정이었다. 두레상에 간장 종지로 밥상의 지휘자처럼 온 가족 고루고루 입맛 다스리던 어머니 손맛이다.

매운 고추 같은 아버지 입맛 달래시고, 가시 같은 가족 혓바늘 남겨두기 서러워 임종하실 적 입맛으로 남기신 유언 한 마디. 자식들 제 입맛대로만 살지 말라 하시며 어머니 마지막 눈물로 온 가족 입맛 다 맞추고 떠나셨다. 각기 다른 물고기가 바닷물에 맞춰 살아가듯 세상사는 일을 남의 입맛에 억지를 부리지 말라는 어머니 말씀을 가슴 깊이 새기며 살아가고 있다.

# 가족사진

거실 동쪽 벽면에 반을 차지할 정도의 대형 가족사진이 걸려 있다. 이 사진은 내가 40대라서 딸이 대학생, 큰아들은 고등학생, 작은아들은 중학교 시절이다. 어떤 기념이나 목적을 갖고 주문한 사진이 아니라서 복장은 입던 그대로다. 표정도 억지로 꾸미지 않았고 '김치' 한마디 없이 자연스럽게 찍은 사진이다. 사진 속에 가족들은 시선을 한데 모아서 가족 분위기가 좋아 보인다.

사진은 나를 중심으로 아내가 내 뒤에서 어미 닭이 병아리를 품듯이 가족을 품은 자세다. 큰아들은 내 어깨에 가볍게 기대어 사랑을 표하는 눈길이고, 작은아들은 형 어깨에 두 손을 올려놓고 좋아한다는 표정을 짓고 있다. 딸은 오른쪽 내 어깨를 두 손으로 잡은 모습이 마치 아픈 내 어깨를 주물러 주는 손길이 따스해 보인다.

누가 보아도 좋아 보이는 가족사진을 우연한 기회에 소장하게 되었다. 대형 사진이라서 작은 트럭으로 운반할 정도였으니 그 당시 금액으로 50만 원 이상 하는 대형 사진이다. 내 형편으로는 주문할 수 없는 사진이다.

사진을 갖게 된 동기는 충북대학교 교육대학원의 졸업 앨범 '가족 사진란'에 실린 사진 덕분이다. 앨범 사진을 정리하던 사진관 측에서 고객들에게 사진 구성과 이미지가 좋은 우리 집 가족사진을 사진관에 전시해서 홍보물로 활용하려고 만든 사진이다. 사진사 말에 의하면 가족들 표정이 밝고 맑아서 정감이 가는 사진이라고 했다. 가족 사이사이 여백이 분위기를 살리고 가족 간에 손 걸침이 좋아서 가족 관계가 더 다정하게 보인다고 한다. 우리 집 가족사진을 보는 사람마다 같은 형태의 가족사진을 원하는 사람들이 많을 것이란 사진관 예측으로 만든 사진이다. 사진관 측은 나에게 초상권에 대한 동의를 받고서 청주에서 제작할 수가 없어서 서울에서 제작했다고 했다.

사진관에 가족사진이 걸린 후부터 사진관을 방문했던 사람들이 보기 좋은 우리 집 가족사진이 부럽다는 이야기를 들었다. 더욱이 가족 표정이 밝아서 화목한 가족 분위가 마음에 든다고 했다.

인물 사진은 사진사가 자기 의도대로 찍은 사진은 좋은 사진이 될 수 없다. 피사체가 된 사람이 자기가 찍히는 줄 모르는 순간을 포착해서 찍은 사진이 자연스럽게 보여서 좋은 사진이다. 이런 사진 조건이 우리 가족의 사진에 반영된 것 같다. 사진을 찍으며 사진사가 자기 생각대로 자세나 지나친 표정을 강요하면서 찍은 사진이 아니어서 좋은 사진이 된 것 같다.

가족사진은 그 가족에게는 소중해도 남에게는 큰 의미가 없다. 사진관에 걸려 있는 우리 집 가족사진도 함부로 버려져서 남의 발에 밟히고 태워진다는 불길한 생각이 들었다. 이런 생각에 사진을 폐기할 경우 나에게 달라고 부탁을 했다. 전달받기 위해서 사진 액자 뒷면에 집 주소와 전화번호를 남겨 놓았다. 몇 년이 지나서 잊어 갈 무렵에 인수해 가라는 연락을 받았다. 고마운 마음에 액자값으로 10만 원을 주고서 가족 품으로 오게 되었다. 가정 주택이라서 전시 공간이 작아 사진이 더 커 보였다. 실물 크기의 사진 속에 자식을 보노라면 항상 옆에다 두고 사는 기분이었다.

TV 바로 위에다 사진을 걸어서 하루에도 몇 번씩 바라보곤 한다. 사진 속 자식들이 그 당시 내 나이가 되었으니 사진을 볼 때마다 감회가 새롭다. 자식들이 결혼해서 부모 곁을 떠나 20년 이상 세월이 흘렀어도 어릴 적 사랑스러운 자식들 모습을 항상 그 모습으로 볼 수가 있어 행복하다. 언제나 어린 자식들과 함께 살고 있으니 나는 남보다 늙는 속도가 느린 것 같다.

자식들도 자식을 낳아서 제 자식들(손자)과 함께 가족사진을 다시 찍자고 성화다. 다섯 명이던 가족이 손자 다섯에 사위와 며느리까지 모두 열세 명이 되었다. 가족 수가 많은 가족사진은 분산되는 느낌이 들까 하는 마음에 다시 찍자는 가족사진을 차일피일 미루고 있다. 가족사진은 한 장에 모두를 포함해야 한다는 고정 관념을 깨고 가족 간 분위기에 맞는 사진으로 바꿔야 한다는 생각이다. 손자들 사진을 나무줄기에 과일 매달리듯 큰 손자부터 막내 손자까지 다섯 놈 사진을 거실 출입문 작은 공간에 걸어 놓고 드나들 적마다 눈인사를 나눈다. 여드름 붉게 성장한 모습보다 돌 때 모습이 더 귀엽고 예뻐 보인다. 사위와 두 며느리는 짝지어 찍은 결혼사진을 가족사진 곁에 놓고서 매일 행복해하는 모습을 보고 있다. 가족사진에는 자식들이 분가해서 따로따로 살아도 우리 집은 항상 한데 모여 사는 분위기다. 전화가 뜸한 사진 속 자식 얼굴 보며 (실제 통화하듯)

"은하야, 전화 좀 해라, 요즘 많이 바쁘냐."

"아버지 걱정하지 마세요, 무소식이 희소식이잖아요" 하면서도 사진 속 딸이 미안한 표정이다.

딸이 내 어깨에 두 손 잡아 아픈 어깨를 주물러 주는 모습을 보면서

“너도 네 자식한테 안마를 받을 나인데, 내 어깨 안마는 이제 그만해라.”

“아니요. 친정집에서는 항상 열아홉 딸로 살고 있잖아요.”

“오, 그런가.”

“너는 아직도 대학생이라 좋겠구나.”

독백 같은 대화에 미소가 지어진다. 가족사진이 주는 행복이다. 사진은 존재의 의미다. 언젠가 사진 속 빈자리는 비운만큼 눈물로 채워지겠지. 사진이 퇴색해서 흔적을 지워가고 나면.

# 아버지 학교에서
## — 아내에게 보낸 편지

아버지가 하는 짓이 못마땅한지 큰아들이 우암교회가 운영하는 '아버지 학교'에 나를 등록했다. 아버지 학교를 마치면 좋은 아버지가 되기를 바라는 마음에서 한 것 같다.

교회에서 운영하는 것으로 보아서 설교나 종교적 의식에 짜 맞춘 교육프로그램이 아닐까 하는 마음에 처음에는 망설였다. 그러다 나이가 들수록 자식들과 사이가 느슨해지고, 더욱이 아내는 내가 젊었을 때 불통과 냉대로 남편에 반기를 들 기세라서 할 수 없이 아버지 학교에 입학했다.

입학식 하는 날이다, 아버지 학교의 형제들 모습이 버려진 깡통처럼 작은 바람에도 소리만 요란할 것 같았다. 맥 빠진 걸음걸이가 외면당하고 버려진 아버지들이란 생각이 들게 했다. 입학한 형제들의 구구한 사연이 뒤엉킨 실내는 적막감만 흘렀다.

과거를 묻지 말라는 듯 침묵이 최상이었다. 자신이 만든 상처를 치유치 못해서 눈동자가 선명한 사람은 몇 명뿐이다. 쓰레기 아닌 쓰레기처럼 버림에 익숙해진 존재들, 어디 간들 마음 편한 곳이 없을 것처럼 보였다.

남편으로서 마음을 열게 하는 첫째 관문이 아내에게 편지 쓰기였다.

형제들이 아내에게 보내려고 쓴 편지 중에서 우리 조에서는 내 글이 선정되어 형제들 앞에서 낭독하게 되었다. 내 글을 듣는 순간 자기들의 아픔을 대신해서 말을 해주는가, 강의실 곳곳에서 신음인지 울음인지 '흑흑'하는 소리가 들렸다. 나도 목이 메어서 읽기를 서너 번 멈춘 후에야 낭독을 마칠 수가 있었다. 이것이 참회인가. 가슴이 답답하고 다리에 전율을 느꼈다. 단상을 내려와서 앉은 자리는 처음 앉았던 그 자리가 아닌 것 같았다.

10년 전에 쓴 글이지만 내 마음이 바래질까 하는 마음에 수필이란 명제로 다시 한번 되뇌어 본다.

사랑할 수 밖에 없는 당신.

법정스님, 잠업집에 '살아있다는 것만으로도 행복이라' 합니다. 이보다도 당신이라고 부를 수 있다는 것만으로도 너무나 행복한 일이 아니겠소. '여보'라고 부를 수 있는 자격조차 없는 사람이 될까 두렵소. 당신에게 또 다른 변명으로 들릴지 몰라도 나는 이제 내 진심을 말하려 합니다. 당신에게 편지를 쓴다는 것이 지난 세월에 대한 반성문일지 아니면 지금껏 살아온 참회의 눈물인지 모르겠습니다.

이유 없는 짜증과 쓸데없는 침묵으로 당신의 마음을 아프게 했던 지난 세월이 원망스럽기만 합니다. 자식들을 훌륭하게 키우면 가정은 자연적으로 행복해지는 줄 알고서 서로 간의 불평도 불만도 참고 견디어 왔지만 성장한 자식들 앞에 남는 건 허전함과 보이지 않는 부부간의 갈등만 남았습니다.

아버지 학교를 통해서 좋은 아버지가 되기 전에 좋은 남편이 먼저 되려고 합니다. 내 아버지에게 각인된 상처를 치유치 못하고 무의식적으로 아버지가 하던 대로 당신한테 아픔만 주었다는 생각에 마음이 더 아픕니다. 이제 이런 잘못되었던 일은 우리 대에서 끝내고, 우리 삼 남매에게는 남겨 주지 않겠다고 약속합니다.

과거는 바꿀 수 없어도 미래는 바꿀 수 있다고 합니다. 괴롭고

암울했던 지난 시간에 얽매이지 말고 남은 시간은 믿음과 아껴주는 마음으로 살아가렵니다. 늦었다고 생각할 때 시작하는 것이 가장 빠르다고 합니다. 지난 시간이 자식들을 위해서 살았으니 이제는 우리도 우리에게 초점을 맞춰서 뜨겁게 살아갑시다. 우리 부부지간의 아름다움이 자식들에게 행복의 전달이고 값진 선물이 아니겠소.

웃으면서 살아도 부족한 세상을 오해와 미움에 세월이 될까 두렵소. 아버지가 살아야 가정이 산다고 합니다. 가정과 당신을 위해서 내 모든 욕심을 버리겠습니다. 남편으로서 부끄럽지 않고 당당한 아버지로 가정에 기둥이 되도록 최선을 다하겠습니다.

아버지다운 아버지, 남편다운 남편이 되어서 이제껏 살아오며 안타깝고 부족했던 일을 남은 시간으로 만회하여 자식들에게 떳떳한 자리로 물려 주고 싶소.

"잘못되었소, 미안하오."란 말을 당신 앞에서 떳떳하게 말하지 못하고 썩어빠진 자존심 때문에 이제야 "미안하오, 미안하오" 몇 십 번 되새김 합니다.

행복은 누가 가져다주는 것이 아니라 스스로 만들어 간다고 합니다. 서로 배려와 관심으로 남은 인생 아름답게 살아갈 걸 약속하며 당신 사랑에 더 뜨거운 남편이 되겠습니다.

이 글을 읽고서 당신의 부드러운 손길을 웃음으로 맞이하고 싶습니다.

2011년 2월 25일 자정에

# 아버지의 자리
## — 자식들에게

어떤 시인이 아버지에 대해 말하기를

'아버지는 어디에서 시작되어 무엇으로 끝나는가? 세상을 알기 시작하면서 아버지와 불화했다. 밥벌이를 시작하며 아버지를 이해했고 밥벌이에 좌절하면서 아버지를 용서했다. 그리고 자식을 낳아 키우면서 아버지와 화해했고 아버지가 세상을 떠나고서야 아버지를 사랑하게 됐다'고 했다. 그 말 속에 가족으로서의 좋은 아버지는 권위보다는 관심과 사랑의 대화를 통해 막힘없는 소통이어야 한다고 하지만 그 자리가 지정석은 아닌 것 같다.

아버지 자리는 양보를 할 수도 없고 힘들다고 포기도 할 수 없는 자리다. 외롭고 어려워도 참고 견디며 살다가도 허탈감만 남는 자리다.

아버지 자리는 울지 않으려 해도 울어야 하고 가족에게 허락을 받고 도피할 수 없어서 아파도 참고 살아야 하는 자리다. 내일이란 희망으로 과거를 잊고 좋은 아버지로 살려 해도 위치를 상실해 가는 존재다. 사회와 가정에 중심적 역할이 점점 시들어가는 자리가 아버지 자리다.

아버지의 학교 명상시간이다. 숨소리마저 멈춘 적막감 속에 눈을 감고서 가족 한 사람 한 사람을 그리며 지난날에 내가 무엇을 잘못했고 가족을 위해서 나는 무엇을 해야 했나. 아버지로서 나는 무엇이 잘못되었나. 참을 수 없는 울컥함에 눈물이 맴돈다.

사랑하는 자식들에게 반납할 수 없는 아버지 자리에서 나의 진실한 고백이다. 아버지 학교의 숙제이기 전에 너희들에게 내가 지켜온 아버지의 자리를 담담하게 털어놓으려고 한다.

어느 자리에도 아버지의 지정석은 없는 것 같다. 지난 세월에 나는 아버지의 자리를 권위와 체면만 고집하다가 너희들과 불편한 관계로 살아온 것 같다. 아버지 학교를 통해서 관념적 아버지로 살아온 것을 후회하며 불편했던 진실을 말하려 하니 마음이 아프다. 쉽고 편하게 살아갈 수 있었던 일을 괜히 어렵고 피곤하게 살아온 것이 오늘에 아픔이 된 것 같다.

가정은 30% 사랑과 70%의 용서로 살아간다고 한다. 아버지란 존재가 기쁨이요. 희망이어야 할 텐데. 부모와 자식 간에 생각의 차이, 생활방식의 갈등이 보이지 않는 아픔이 되었다. 가족으로서의 아버지 자리는 권위적 자리가 아니라 가족의 관심과 대화에 중심이어야 한다는 걸 이제야 알게 돼 후회스럽기만 하다.

이 세상에서 가장 아름다운 말이 어머니다. 반면에 아버지는 10위 안에도 들지 못한다는 것은 어떤 의미가 있는 것일까? 어머니는 웃어서 자식을 기쁘게 하지만 아버지는 기뻐야만 웃을 수 있는 수여식 조건 때문인 것 같다.

가족 사랑에 진실도 모르고 가장이란 편견(피로 형성된 가족은 오해도 미움도 없을 것이란 생각)으로 매사를 가르침으로만 변화시키려는 어리석은 아빠였다. 다시는 후회의 눈물을 보이고 싶지 않다.

이제부터 좋은 아버지가 되기 위해서 너희들이 있다는 존재의식만으로 행복을 느끼며 살겠다. 훌륭하고 자상한 아빠가 되지는 못해도 미운 아빠는 되지 않겠다. 가족으로서의 아버지. 존경으로서 아버지. 버팀목으로서의 아버지 소통으로서의 아버지가 되겠다. 이제부터는 울지 않으련다. 존재치도 않는 과거에 얽매여

후회만 되풀이하는 어리석은 아빠는 되지 않겠다. 비록 너희들의 용서와 섬김이 없다 한들 너희한테 짐이 되지 않게 살겠다.

마음의 상처를 치유하는 방법은 용서뿐이란다. 용서를 구하는 자보다 용서를 하기가 더 힘들다고 한다. 용서하기가 힘들 땐 더 큰 용기를 가져보자.

우리 모두 용서를 받기보다는 용서받을 짓은 하지 말자고 애절한 기도로 글을 마친다.

2011년 3월 12일 아버지가

# 막걸리 한 모금

가수 영탁의 '막걸리 한 잔' 노래를 듣다 보면 어린 시절에 아버지 막걸리 심부름을 하던 일이 생각 난다. 노랫말에 '아버지가 따라 주던 막걸리 한 잔'이 아니라 아버지의 술 심부름을 하다가 주전자 주둥이로 빨아 먹던 '막걸리 한 모금'이다. 주전자에 술을 내가 마신 만큼 물로 주전자를 채워 아버지를 속여도 아버지는 알면서도 눈감아 주던 막걸리 한 모금이다.

나는 어릴 적에 어른들이 술 먹는 모습을 좋게 보며 자랐다. 이런 환경 때문에 호기심으로 먹던 술이 점점 늘어서 젊은 시절에는 남보다 술을 더 많이 먹은 것 같다. 한창 먹던 시절에 술의 양을 대충 계산해도 엄청난 양이다. 아마도 먹은 양을 한꺼번에 무심천에 흘려보내면 한동안 흐를 것 같다.

내가 30대에 술을 먹기 시작해서 60대까지 40년간(20대와 70

대 제외)을 한창 먹을 나이로 장난삼아 계산해 보았다. 일 년 365일 중 며칠 말고서 매일 먹었다고 보면, 실제로 먹은 양을 엄청난 양이다. 일 년 중에 300일을 1.8L(막걸리 한 되) 양의 술을 매일 40년(30대에서 60대까지)간을 계산하면, 300일×1.8L×40년 = 21600L로 2L 병으로 10800병이면 작은 도랑물로 한참은 흐를 양이다. 생각만 해도 엄청난 양을 먹었다.

그 당시에는 술도 못 먹고 담배도 안 피우면 졸장부 대접을 받던 시절이라서 억지로 술을 먹기도 했다. 남자들이 모이면 군대 이야기 아니면 술 이야기로 남자의 권위를 따졌다. 이런 환경에 모임에서 술 이야기는 빠지지 않았다. 술은 먹는 것 자체보다 누가 더 많이 먹고 잘 버티느냐가 자랑이었다. 지금도 그 분위기가 남아서 원샷으로 똑같은 양을 먹고 주량을 비교해 가며 술을 먹기도 한다. 술을 먹으면 장단점이 있게 마련이다. 좋은 점은 사교와 대화 분위기다. 반면에 단점은 건강과 경제적 부담이다. 그러나 술 문화는 좋은 점과 나쁜 점을 반복해 가면서 술의 역사가 되고 있다.

막걸리를 먹다 보면 할아버지가 술 마시던 모습이 생각이 난다. 찬 바람만 불어도 주전자에 막걸리를 약간 데워서 손가락으로 휘휘 젓고서 그 손가락을 빨아먹고 약간 데운 느낌을 느껴가며 꿀걱꿀걱 막걸리 넘기는 소리가 참 듣기 좋았다. 술을 마시다 수염에 묻은 술 방울을 손등으로 쓱 문질러 닦으시며 안주 없이도 맛있게 드시는 모습에서 가난 속에 막걸리가 주는 행복을 보았다.

막걸리 술 심부름으로 주전자에 술을 갖고서 아버지 일터에 가까이 다가가면 술 주전자를 기다리던 아버지의 입맛 다시는 소리가 들릴 것만 같았다. 아버지에게 막걸리는 기쁨이고 삶에 활력소다. 아버지에게 힘든 농사일에 농주는 밥보다 더 중요한 음식이었다. 술을 좋아하시던 아버지가 돌아가셨어도 술은 항상 따라 다닌다. 아버지 제사상에 농주(農酒)가 제주(祭酒)로 바뀌었을 뿐이다. 제사 때마다 제주를 빠트리지 않고 3배 올리고 있으니 술은 죽음까지 따라가는 생과 사의 필수품 같다.

# 검정 고무신

쌀 두 되 값이면 검정 고무신 한 컬레를 사던 50년대는 검정 고무신 한 짝도 소중하게 여기던 시절이였다. 그러나 지금은 신발 하나에 몇 십만 원, 몇 백만 원 하는 걸 보면 사치와 희귀성으로 신발에 가치가 높다.

나도 사위한테 메이커 있는 고가의 신발을 생일 선물로 받았다. 생전 처음으로 35만 원이나 하는 신발을 신다 보니 걱정이 생겼다. 비싼 신발을 신고서 식당에 가는 날은 혹시나 내 신발이 탐이 나서 손님 중에 자기 신발과 내 신발을 바꿔서 신고 갈까, 걱정이었다. 아무리 비싼 신발이라도 집에다 모셔두기에는 무엇해서 신경을 써 가면서 신어야 했다. 이런 마음에 얼마간은 많은 사람이 신발을 벗고 입장하는 장소에 갈 때는 헌 신발을 신고 가기도 했다.

그뿐만 아니라 식당에 가서 혹시나 신발 도둑맞을 걱정에 신발장에 신발을 중간중간 확인을 해가며 밥을 먹은 적도 있다. 그러다 한 달 이상을 신다 보니 헌 신발이 되다 보니 자연히 걱정이 없어졌다.

내가 초등학교 6학년 때는 검정 고무신은 볼품도 없고 기능성이 단순했다. 그래도 지금의 고급신발 못지않게 소중하게 여기던 시절이었다. 어머니가 새 검정 고무신을 사다주면 너무도 좋아서 새 신발을 신고서 동네 고샅길을 오르내리며 자랑을 하고 다녔다. 그것도 부족하면 친구 집을 찾아가서 새 검정 고무신을 보여주며 내일은 축구를 하자는 약속을 했다. 새 고무신을 신고서 축구를 하면 공이 잘 차질 것이란 생각에서였다. 고무신을 신고서 축구를 하면 재미있는 일이 많았다. 고무신을 신고 공을 차면 공보다 신발이 더 멀리 날아가기도 했다. 한참 축구를 하다 보면 공을 차랴. 신발을 찾으랴. 운동장이 아니라 마음대로 뛰어노는 놀이터 같았다.

축구 시합하는 날은 신발이 날아갈 것을 대비해서 고무신을 새끼줄로 꽁꽁 동여매서 고무신이 공과 같이 날아가지 않도록 준비를 단단히 했다. 마치 완전무장한 군인 모습에 너무도 당당해 보였다. 신발을 묶은 새끼줄 때문에 땅바닥에 새끼줄이 걸려서 공을 멀리 차지를 못해도 날아간 신발을 찾아 헤매는 것보다 나은 편이었다. 축구를 열심히 하다 보면 자주 벗겨지는 고무신이 거추장스러워서 고무신도 팽개치고 발톱이 빠지도록 맨발로 즐기는 축구 경기가 되었다.

그 당시에 학생들이 교실에 입실한 후에 골마루 신발장에 검정 고무신은 모두가 쌍둥이처럼 보였다. 어떤 것이 자기 신발인지 구별하기가 어려웠다. 이런 어려움을 알고서 찬찬한 어머니는 자식이 고무신을 쉽게 찾도록 자기 자식만 알아볼 수 있게 고무신 콧등이나 뒤꿈치에 바느질로 표식을 해주었다.

검정 고무신 시절에 친구들과 도랑으로 고기를 잡으러 가는 날은 고무신이 한몫했다. 모두가 신발로 고인 도랑물을 퍼내어 물고기를 잡았다. 주먹손 같은 작은 고무신이지만 여러 친구가 손놀림을 빨리하여 물을 퍼내다가 보면 순식간에 물이 줄어서 고기를 잡을 수가 있었다. 잡은 물고기 한두 마리를 각자 고무신에 담아서 집으로 돌아오며 "고기를 잡으러 강으로 갈까나. 고기를 잡으러 바다로…." 부르던 시절이 있었다. 한 동네 살던 그 친구가 유명을 달리해서 검정 고무신 추억도 점점 퇴색해 가고 있다.

고향 도랑물 장맛비 물길 따라 함께 걷다가 놓친 신발은 지금 어디에 숨어서 누굴 기다리고 있을까? 고기잡이 노래에 맞춰 찰랑대던 도랑물 돌 틈에 숨어 살던 가재는 지금도 어디에서 살고 있는지.

6학년이 되고 나서 중학교에 가면 운동화를 신는다며 미리부터 운동화를 신는 친구들이 늘어나기 시작했다. 그런 분위기인데도 나를 비롯해 몇 명 친구는 아직도 검정 고무신이었다. 우리 집 형편에 운동화를 사줄 형편이 안 되는 줄을 뻔히 알면서도 만만한 어머니한테 떼를 쓰기 시작했다. 떼를 쓰는 나를 달래려고 어머니는 신고 다니는 검정 고무신이 낡아서 못 신게 되면 사준다고 하셨다. 얼른 운동화를 신고 싶은 마음에 엉뚱한 짓을 하기 시작했다. 신발을 질질 끌고 다녀 고무신 바닥이 빨리 닳도록 했다. 심지어 고무신 콧등을 돌에 문질러 구멍이 나도록 했다. 이렇게 신다 보니 다섯 달은 신을 고무신이 두 달 만에 물이 새는 고무신이 되었다. 엉뚱한 짓을 한 사실을 안 어머니는 괘씸한 마음에 맨발로 다니라며 본체만체하셨다. 내 입장만 난처하게 되었다. 할 수 없이 망가진 신발을 신고 다닐 수밖에 없었다. 눈이 오는 날은 눈이 신발 속에서 축축하게 녹아 시린 발이 더 시렸다. 시린 발을 녹이려고 고무신 바닥에다 종이를 깔고서 신어 보았지만 잠시 뿐이었다. 다행히 3월에 중학교 입학에 앞서서 운동화를 사 주셨다. 너무나 좋아서 잠자리에 안고서 잠이 들 정도로 기뻤다.

'검정 고무신'이 남겨 준 아름다운 추억은 새 신발을 신을 때마다 생각이 난다. 검정 고무신처럼 어머니 손등 검게 사셨어도 부끄럼이 아니라는 어머니 말씀에 검정 고무신의 애정을 버릴 수가 없다. 천덕꾸러기 같던 고무신이 아름다운 추억으로 기억되는데 내 어찌 이를 서러움이라 하겠는가.

# 2부
# 깡 보리밥

보리밥도 허리 졸라매고 먹던 시절
도시락 뚜껑 반쯤 열고
친구들 눈치 보아가며 먹던 깡 보리밥
친구들 애정 어린 눈빛에
줘도 먹지 않을 그 밥을 눈물 말아 먹었습니다

# 나답게 산다는 것

# 무승(無勝)

불명을 받고서 부처님을 한 손으로 모시기에는 내 손이 너무나 무겁다. 무승으로 살려면 만세 부르는 법보다 박수부터 배워야 했다. 불명을 익혀 살려고 마음먹고 있는데 낯선 전화를 받았다.

"네 봉명동입니다" "화엄장님, 집에 계신가요" "아, 그런 사람 우리 집에 없어요" 하고 전화를 끊은 적이 있다.

아내는 남편의 부족한 공덕을 채워주려고 절에 가서 지극 정성으로 불공을 드린다. 그러나 가정보다 지나칠 정도로 절에 다니는 것을 싫어할 때도 있었다. 아내의 지나친 수행을 못 마땅해 하면서도 석가탄신이나 절에 의식 행사가 있는 날은 동행했다.

몇 년 전, 석가탄신일에 불교 신자들로 구성된 합창단의 찬불가를 듣게 되었다. 찬불가는 멜로디보다 가사가 더 감동적이다.

법문이나 좋은 어록은 설법만으로도 가슴을 울리는데 찬불가를 듣는 순간, 노래에 감전이 되는 듯했다. 마치 무엇에 홀린 기분으로 합창단원을 바라볼 때 하늘에서 내려온 천사처럼 보였다.

"화엄장, 수고했어요."

등 뒤에서 들리는 소리에 뒤를 돌아다보니 화엄장이 바로 아내였다. 그 아름다운 사람들 속에 아내가 있었다니 너무도 기뻤다. 얼마 전에 전화로 찾던 화엄장이 내 아내였다는 사실을 몰라서 미안한 마음이 들었다. 아내가 화엄장의 불명을 받은 지 2년이 지났는데도 아내의 불명도 몰랐다는 것이 부끄럽기만 했다.

어느 날, 법륜 스님의 즉문즉설 법문을 듣는 기회가 있었다. 법문을 듣고서 감동이 되어 정토 불교 대학에 입학했다. 부처님의 거룩한 마음가짐으로 불경 공부를 했다. 도반은 모두 12명이었다. 그중에 보살 9명과 처사 3명이었다. 매주 화요일 2시간씩 강의를 듣고서 나눔 시간에 불경 이야기를 했다. 나눔 시간에는 평생 살아온 반성문을 쓰는 기분이었다. 기도 중에는 아내에게 잘못을 뉘우치는 참회가 제일 많았던 것 같다.

인간의 괴로움은 어디에서 오는가. 인간은 즐겁다 해도 끝이 있고 평온 끝에도 괴로움이 찾아온다. 산다는 게 일체개고(一切

皆苦)다.

불경을 일 년 동안 배우고 나서 대전에서 전국 불교대학 졸업생이 모여서 합동 졸업식과 동시에 수계를 받게 되었다. 석사 학위증을 받은 나에겐 박사 학위보다 더 의미 있는 졸업식이란 생각이 들었다. 졸업의 의미보다도 내게 주어지는 불명이 더 궁금했다. 나에게 주어질 불명으로 가슴이 설렌다. 법정 스님처럼 법法자가 들어갔으면 좋겠다는 생각이 들었다. 법륜 스님으로부터 불명을 받아 든 순간 생각지도 않은 무거운 말씀 무승無勝(만불1334불) 이었다. 내가 세상을 살아오면서 가장 싫어하는 져 주며 살라는 명령 같은 말씀이었다.

불명의 깊은 뜻을 임의적 해석보다는 불명을 준 법륜 스님께 더 깊은 뜻을 알고 싶었다. 청주에서 즉문즉설 하는 날에 의문점을 물어보기로 했다. 그날이 되어서 내가 질문 차례를 서두르고 있었다. 이를 보고는 스님이 살아온 내 모습이 얼굴에 보이는지 대뜸 한마디 하신다.

"처사님, 성질 좀 죽여가며 사세요"

내 속을 들여다보고 하시는 말씀 같아서 가슴이 뜨끔했다. 내가 생각해도 내 고집대로 이제껏 살아온 것 같다. 내 아집을 받아들인 그들이 나를 이긴 것이지 내 주장대로 했다고 해서 내가 이긴 것이 아니다. 영원히 패자로 남을 나에게 바른길을 가르쳐 준 것이 고맙기만 했다. 불가에서 나는 내가 아니라 무아다. 나를 버리고, 내 아집을 버리고 오직 중생의 불심으로 보살처럼 사는 것이다. 불가 이치를 모른 채 '나'라는 독단적 벽을 높게 쌓고서 가정이나 사회에서 내 욕심만 채우며 살아왔다.

아내의 불심을 일찍이 받아드리지 못한 것을 후회하고 있다. 이제나마 깨우쳐서 다행이다.

새벽 4시, 사람들은 선과 악 구분 없이 천당 지옥을 제 마음대로 드나들며 꿈을 꿀 때 아내는 촛불 앞에 법구경을 펼쳐 놓고 법문 공부를 한다. 그 모습이 너무나 아름답게 보여서 나도 차츰 불심에 젖어 들었다. 참이 무엇이고 비움이 무엇이며, 보시가 무엇이든가. 아내처럼 인간의 본성을 흩트리지 말고 불심으로 사는 것이다. 아내의 불심같이 나도 내 불명 '무승'으로 마음을 비우며 살아갈 것이다,

'무승', 져 주고 살자. 져 주는 것이 이기는 것이다. 남을 내 고집대로 이기려 하는 것은 이기는 것이 아니다.

보시하는 삶에 익숙한 아내는 오늘도 중앙 공원에 무료급식 당번이라며 얼마에 찬조금을 갖고서 남편의 아침 식사 걱정도 없

이 일찍이 집을 나선다. 그래도 아내가 밉지가 않았다. 나도 이제 내 욕심을 반쯤은 내려놓은 것 같다. 오늘도 소외된 사람을 먼저 생각하는 아내의 모습이 너무도 아름다워 나도 기분이 좋았다.

# 깡 보리밥

요즘 가수 진성의 노래 중에 '보릿고개'가 유행이다. 보릿고개를 실제로 넘어 본 세대는 실감이 나지만 사전적 용어로 이해하는 젊은 층의 보릿고개는 의미가 다르다. 젊은 세대들이 보릿고개에 "쌀이 없으면 라면이라도 먹지" 하는 말은 뜻도 모르고 하는 말이다. 배고픔을 모르고 자란 젊은 세대는 보릿고개를 가난에 상징으로 이해하지 못한다.

보릿고개 시절에는 보리밥도 배불리 먹지 못해서 보리죽이나 보리 개떡으로 끼니를 때우기도 했다. 그마저 배불리 먹지를 못해서 배부름의 포만감을 음식물로 채울 수 없어서 노래 가사처럼 물 한 바가지로 배를 채우기도 했다.

초등학교 시절에 점심밥을 먹지를 못해서 물로 배를 채우고 체육 시간에 달리기 시합을 할 때였다. 뱃속에서 출렁이는 물결에 빨리 달릴 수가 없었다. 항상 1등만 하던 내가 4등을 한 아픈 기억이 있다.

보릿고개에는 흰 쌀 새치 밥만 먹어도 부자로 살던 시절이었다. 어머니는 깡 보리밥 도시락을 싸 주면 친구들에게 창피를 당할까 하는 마음에서 도시락 밑바닥에는 깡 보리밥만 담고 그 위에다 흰 쌀밥 몇 알을 보일까 말까 하는 흰 새치 밥 도시락을 싸 주셨다. 그래도 그런 날은 가슴을 펴고서 도시락을 먹는 날이었다. 가끔가다가 깡 보리밥만으로 도시락을 싸 주는 날은 도시락 뚜껑 열고, 닫기를 반복하면서 친구들의 눈을 피해가며 도시락밥을 먹었다. 이런 날은 먹어도 배부른지를 몰랐다.

가족 생일날이나 할아버지 제사가 있는 날은 흰 쌀밥 도시락을 싸주셨다. 그런 날은 친구들 보란 듯이 자랑하듯 먹어도 감춰가며 먹던 '깡 보리밥' 생각에 목이 메었다.

보리밥도/ 허리 졸라매고 먹던 시절//

도시락 뚜껑 반쯤 열고/ 친구들 눈치 보아가며 먹던 깡 보리밥/ 감춰가며 먹느냐는 친구들 애정 어린 눈빛에도/ 줘도 먹지 않을 그 밥 눈물 말아 먹었습니다//

오늘은/ 흰 쌀밥 같은 내 자식/ 보리 방구 붕붕 달리기 1등을 했다고/

보리밥이 쌀밥을 이겼다고/ 어머니 손뼉 치며 좋아하실까//

칠월 칠석 아버지 생신날/ 흰쌀밥 도시락 활짝 열고/ 보란 듯 수저 높여 먹어도/ 일 년을 또 기다려야 하는 낯선 쌀밥에 먹어도 먹어도 배부른 줄 몰랐습니다//

— 반영동 시집 『어머니 가벼워서 업지 못해요』, 「깡 보리밥」

깡 보리밥도 맛있게 먹던 추억이 있다. 어머니와 함께 외갓집에서 맛있게 먹던 깡 보리밥을 평생 잊을 수가 없다.

초여름 담배 밭고랑 사이에서 여리게 자란 열무를 손으로 뚝뚝 잘라 함지박 넣고 김이 모락모락 나는 깡 보리밥을 쏟아붓고서 멀건 된장국을 쭉쭉 뿌려 고추장 넣고 주걱으로 휘휘 저어 친족이 둘러앉아 경쟁하듯 먹었다. 별 양념도 없는 깡 보리쌀 비빔밥이지만 순식간에 함지박 바닥을 긁는 소리로 식사가 끝났다. 그 맛은 지금 생각해도 입맛이 다셔진다. 어쩌다 그 보리밥 생각에 보리밥 전문 식당을 찾아가도 옛날 그 맛이 아니다. 인스턴 식품에 입맛이 들어서 옛날 그 맛을 알지 못하는가. 아니면 배고픈 자만이 느낄 수 있는 별미인지도 모르겠다.

요즘에는 논밭에서 어쩌다가 보리밭을 볼 수 있다. 보리를 식용이 아니라 소 사료로 재배되는 경우가 많다. 가난한 사람들의 배고픔을 채워주기도 부족했던 보리가 지금은 소들도 남겨가며 먹는 사료가 되었다.

배고픈 사람에게 풍년가처럼 들리는 6월 황금 보리 물결은 사진작가들의 카메라에 좋은 먹잇감이다.

바람아 불어라, 출렁이는 황금 물결 보리야, 사진 속에 담겨서 뭇 사람들에게 눈요기나 시켜주거라.

# 나는, 나답게

퇴직하고 나서 무엇을 하고 지낼까 걱정하던 차에 어느 기회에 사진을 즐기는 선배로부터 사진 이야기를 듣게 되었다. 사진을 하면 좋은 점이 많다고 한다. 사진 촬영으로 전국에 아름다운 곳은 물론이고 외국까지 가서 여행도 즐기고, 그 지방의 별미도 맛을 볼 수 있다고 한다. 무엇보다도 사진은 다른 취미활동보다도 좋은 사진 소재를 찾으려 몸을 많이 움직여 저절로 운동이 되어 일거양득이라고 했다. 그뿐만 아니라 전시회를 통해서 성취감에서 오는 희열이 삶에 활력소가 된다는 선배의 말을 듣고서 사진을 취미로 하게 되었다. 이것이 동기가 되어 지금은 명함 타이틀로 "시 속의 사진인"으로 살고 있다.

퇴직은 미룰 수 없는 자리다, 준비된 자는 시작부터 아름답다고 한다. 나는 퇴직을 하기 전부터 퇴직 후에 삶을 미리 준비하고 있었다. 교사 시절에 시청각자료로 슬라이드를 만들기 위해서 수천 장의 사진을 찍어 보았다. 그뿐 아니라 학교 행사나 홍보 자료를 만들기 위해서 다양한 사진을 찍은 경험이 있어 퇴직 후에 사진을 하는 데 많은 도움이 되었다. 사진에 기본은 알고 있어서 사진 취미활동에 걱정이 없었다. 사진에 기초적 지식을 갖고서 전문적 사진 활동에 필요한 성능이 좋은 카메라 등 필수 장비를 미리 준비했다.

안개 자욱한 새벽 5시. 용암사 뒷산에 올라가 일출 촬영 중이다. 토끼 귀처럼 산봉우리 두 개만 보일 뿐, 온통 안개뿐이다. 그 틈새로 솟아오르는 붉은 태양에 함성이 저절로 터져 나왔다. 우리나라에도 이렇게 아름다운 곳이 있다니 감탄사가 저절로 나왔다. 황홀한 풍경에 취해서 안개 속으로 풍덩 뛰어내리고 싶을 정도로 아름다웠다. 이런 아름다운 경치를 본다는 것은 부지런한 사진가들만이 갖는 특권이다. 이렇게 꾸준히 작품 활동으로 사진을 어느 정도 알게 되어 남들이 인정하는 작품 사진도 찍게 되었다. 사진을 즐겨서 전국 사진 공모전에서 입상과 입선을 했다. 그뿐 아니라 전국공무원 미술대전 사진 분야에서 2회 입선을 하기도 했다. 이런 노력 끝에 사진을 시작한 지 4년 만에 한국사진가협회 작가증을 받게 되었다. 나도 이제 당당한 사진작가가 되어 작가로 긍지를 갖게 되었다. 작가 증을 받으므로 철 지난 교장 호칭이 사진작가와 시인으로 바뀌었다, 퇴직 후에 어울리지 않게 불리던 '교장'의 호칭을 떼고 나니 마음이 편했다.

사진을 찍다 보면 촬영 장면에서 시상이 떠오를 때가 있다. 이렇게 좋은 장면을 카메라에 전부 담지 못할 때가 있었다. 이런 이미지를 마음에 담아두거나 아니면 메모를 했다가 집에 와서 시의 형식으로 정리했다. 이것이 좋은 시의 재료가 되었다. 이렇게 쓴 시는 현장을 눈으로 보는 듯해서 감동이 더 갔다.

자작시를 사진 전시회를 하는 날에 낭송할 기회가 있었다. 내가 낭송한 시를 듣던 초대 손님들이 박수로 환호했다. 의례적인 인사인 줄 알았다. 그런데 낭송을 같이 듣던 청주대학교 국문과 교수님으로부터 좋은 시라는 칭찬을 들었다.

축사를 해 주려고 찾아 준 중학교 동창인 청주시장도 내가 말년에 즐기는 예술적 삶이 부럽다고 한다. 사진과 시로 아름답게 사는 내 모습이 너무나 행복해 보였나 보다.

'칭찬은 고래도 춤추게 한다'고 나도 시 공부를 제대로 하고 싶은 생각이 들었다. 그래서 충북대학교 평생교육원에서 3년간 열심히 시 공부를 했다. 이런 노력으로 한국문인협회로부터 시 부문 신인 작가상을 받았다. 나도 이제 당당하게 시인이 되었다.

사진작가에 이어 시인으로 등단하여 나는 이제 "시 속의 사진인"으로 두 마리 토끼를 갖게 되었다. 그래도 지나친 명성에 욕심을 부리지 않고 과정을 즐기는 소박한 마음으로 항상 배우는 자세로 사진과 시를 즐기고 있다. 두 마리 토끼를 기르다 보니 바쁨 속에 하루하루가 즐겁기만 하다.

작품 사진과 시집을 만들어 주위 분들과 공유하고 싶은 생각에 사진 전시회를 했다. 사진을 즐긴 지 7년, 시를 쓴지 4년 만에 처음으로 사진개인전 및 시집 출판기념회를 했다. 행사하는 날에 제자들이 30여 년이 지났는데도 20여 명이 참석해 주어 반갑고 고마웠다. 취미활동은 삶의 윤활유 역할을 한다고 한다. 평생교육이란 개념도 없던 70년대 제자들에게 시대에 맞춰서 현장 학습으로 평생교육 시범을 보이는 기분이 들게 했다.

내가 사는 모습이 현직에 있을 때 보다 더 아름답게 보인다며 멀리 호주에서 찾아온 인숙이의 호들갑이 싫지가 않았다.

칠순이란 명목으로 세 번째 사진전 및 두 번째 시집 출판기념회를 했다. 작품의 가치를 높이고 학생들에게 교육 자료로 활용되기를 바라는 마음에 충청북도 교육청 측과 협의하여 도내 초·중·고등학교에 사진집 『물의 신비』와 시집 『가로로 부르는 노래』 각각 500부를 기증했다. 작품집이 후배들 학습활동에 도움이 되기를 바라는 마음에서였다. 이 또한 적극적 취미생활을 통해서 얻은 보람 있는 일이라고 생각했다. 작년에는 보리 사진 개인전으로 제작된 액자 보리 사진 40점을 모교인 청주농고에 기증했다. 교실 골마루에 게시된 보리 사진을 볼 적마다, 후배들이 기뻐한다는 소식을 들을 적마다 사진 기증을 잘했다는 생각이 들었다.

오늘은 사진을 내 취미로 추천해준 선배에게 고맙다는 전화 인사라도 해야겠다.

# 내 이름을 불러 주세요

이름을 불러 줄 사람이 있고 내 이름을 기억했다가 불러 주는 사람이 있다는 건 즐거운 일이다.

이름을 알고 있다가 불러 주는 것도 중요하지만 다른 사람이 자기 이름을 쉽게 기억하도록 이름을 짓는 것도 중요하다. 나는 내 이름을 기억하기 좋게 지었다는 생각이 든다. 나는 요즘에 나를 소개할 때마다 반기문의 **반**(潘)을 성으로 알리고 강원에 **영동** 지방, 충북에 **영동**군, 서울에 **영동**대교 청주시에 **영동**의 명칭을 인용해서 **영동**으로 소개하면 내 이름을 쉽게 오래 기억한다. 이름을 잘 지어준 큰아버지한테 고마운 마음이다.

교사 시절에 아동들 이름을 외워서 불렀더니 아동들로부터 머리가 좋다는 말을 들었다. 육칠십 년대 교실 풍경은 빈자리가 없어도 의례적으로 출석을 불러서 아침 인사 겸 출석 체크를 했다. 하루에 한 번 이상 이름을 부르다 보니 암기가 되어서 출석부 없이도 이름을 부르게 되어서 하는 말 같았다.

반면에 어떤 선생님은 자기 반 학생들한테 너무 무관심해서 석 달이 지나도록 학생 이름을 알지 못하는 사람도 있었다. 특히 연로한 선생님의 경우가 더 그랬다. 어떤 학부모가 학교를 찾아와서 담임 선생님에게 자식 이름을 대면서 인사를 했다. 그 선생님은 "그런 학생은 저희 반에 없어요" 했다고 한다. 얼마나 학생들에게 무관심했으면 한 학기가 다 되도록 자기 반에 학생 이름도 몰랐을까? 당연히 학부모는 자기 자식 이름도 모르는 담임에 실망이 컸을 것이다.

교수– 학습활동에서도 이름을 불러가며 하는 수업과 "너, 얘"로 부르면서 하는 수업은 분위기 자체가 다르다. 이름을 부르며 하는 수업은 학습 참여도가 높고 수업에 활기가 있다.

32년 전에 졸업시킨 초등학교 6학년 제자들이 동창회를 부천에서 갖는다며 참석해 달라는 연락을 받았다. 참석하기로 마음먹고 이런저런 생각이 들었다. 모임에 어떤 옷을 입고 갈까? 자가용으로 갈까? 만나서 어떤 인사말을 할까? 걱정 아닌 걱정을 했다.

이 보다 우선 다정하게 불러 주던 제자들 이름부터 외워서 참석하기로 했다. '너, 야, 애야, 어이'로 부르기보다는 오랜만에 만났어도 이름을 불러 주면 좋아할 것 같은 생각에서였다. 졸업 앨범을 꺼내 놓고 얼굴을 보며 이름 외우기에 들어갔다. 한 20일 정도 외웠으나 42명이나 되는 이름을 다 외우기란 쉽지가 않았다.

졸업생 중 30여 명은 쉽게 외울 수가 있었으나 나머지 몇 명은 잘 외워지지 않았다. 학창시절에 신체적 특징이나 유별난 행동이 없는 학생은 기억이 잘 나지 않았다. 그러나 과거에 수십 번 부르던 이름이라서 생각보다는 그리 어렵지 않았다. 내 반이었던 제자들 이름을 거의 다 외우고 나서 2반 여학생은 순자, 태자, 경자 등 특별했던 몇 명만 기억하고 참석했다.

모여든 제자들은 헤어진 지 오래되어 자기들 이름을 모를까 하는 마음에 목걸이 명찰을 글씨도 크게 해서 저마다 목에 걸고 있었다. (마음속으로) '괜히 이름 외우느라 고생했네.' 하는 생각이 들었다.

인사를 나누다 보니 내가 20여 일이나 열심히 외웠어도 많이 변한 제자는 이름이 생각이 안 나서 대충 넘겨야 했다.

대화 시간이 되었다. 나는 자리 끝에 앉아있는 효근이(가난으로 수학여행 불참한 학생)부터 불렀다.

"오른쪽 상 끝에 앉은 사람 '이효근' 맞지?"

맨 처음으로 부르는 내 속내도 모르고 먼저 부른 효근이가 부러운지 모든 눈총이 효근이한테 쏠렸다.

"아직도 제 이름을 기억하시네요. 고맙습니다."라는 대답이 퉁명스럽지 않았다. 다행히 학창 시절에 수학여행을 가지 못한 서운함을 잊은 듯했다. 분위기 따라서 아는 사람부터 특징을 살려서 이름을 불러 주었다.

"산수 박사 이태섭, 책벌레 김주홍, 축구대장 김승국, 웅변 박사 지광선, 교육감상 주섭이……,"

분위기를 살리려고 일부러 이름을 갖고서 능청을 떨기도 했다.

'가만있자 재,재(우군재)는 누구더라'(알면서도) 고개 갸우뚱거리며 뜸을 들이니 제자들이 궁금해서 야단이다. 눈동자 껌벅이며 초조해하는 제자들 모습이 우습기만 했다. 제 이름을 못 맞추면 불행이라도 닥칠 것처럼 진지한 표정이었다.

여자아이들도 샘이 났는지.

'제 이름은요?' '제 이름 아셔요?' 재촉이다. "너는 '방개울 윤미화' 그리고 너는 조월선, 박영숙, 배영자, 순덕……,"

아는 이름을 몇 명 불러대니 여자들은 누구누구의 엄마, 누구의 아내, 누구의 며느리, 누구의 딸로 불리던 셋방살이 같은 이름에서 해방되었다고 야단이다. 오늘만이라도 자기들 이름이 독립한 날로 정해야 한다며 호들갑이다. 여학생 호들갑에 분위기 좋고 방안에 이름들이 이리저리 부딪혀도 부딪칠수록 방안에 웃음소리만 컸다.

이름은 불러도 불리어도 아름다운 일이다.

* 혹시나 하는 마음에 학교명은 생략하고 몇 명은 假名입니다.

# 팬티 속의 비상금

1968년 1월 6일 눈보라 치는 영하 5도 추위에 내가 군대에 입대하는 날이다. 사실은 전년도 8월에 입대 예정일이었으나 대학 1학년 때 여름 캠핑 즐거움에 빠져 입대를 하지 못해서 군 기피자가 되었다. 기피자가 되어 2학기를 등록해 놓고도 불안하게 학교 생활을 했다. 그러던 중에 음성 경찰서 형사가 군 기피 관계로 고향 집을 다녀갔다는 어머니 말씀을 듣게 되었다. 군 기피자로 몰려서 혹시 영창을 갈까 하는 마음에 하루하루가 불안하기만 했다. 그러던 어느 날 음성 경찰서로 출두 명령을 받고서 담당 형사를 찾아갔다. 찾아간 형사는 다행히 고등학교 친구 아버지라서 마음이 놓였다. 친구 아버지는 처벌을 피하려면 자진해서 입대뿐이라며 입대하는 방법을 자세히 알려 주었다. 대학생은 입영을 연기할 수 있는 제도가 있어서 나의 경우 군대를 자진해서 입대하면 별문제가 없다는 말을 듣고서 걱정을 덜게 되었다. 이런 상황을 병무청과 상담하여 날짜를 정해서 입대하게 되었다.

군에 입대하기 전에 군대를 다녀온 형님이나 이웃들 말로는 군대 생활은 지옥보다 더 고통스럽다는 말을 듣고서 군대 가는 것이 두렵기만 했다. 그래도 두 번 다시 기피 할 수가 없어서 마음을 굳혀서 입대하게 되었다.

입대를 일주일 앞두고서 어머니는 매일 삶은 돼지고기를 먹게 했다. 힘든 군대 생활에 필요한 영양분을 보충해 주려는 어머니 마음이었다. 고기도 먹어 본 사람이 먹는다고 어쩌다 먹던 고기를 매일 먹다 보니 이틀째 되는 날 설사를 하기 시작했다. 며칠간 설사를 해서 입대하는 날은 눈이 들어갈 정도로 얼굴이 핼쑥해서 빈혈을 느낄 정도였다. 이런 몸으로 입대를 하게 되어 어머니는 오히려 걱정이 컸다.

어머니는 입대하기 전날에 다른 사람이 돈 있는지는 몰라보게 팬티에다 주머니를 만들어서 그 속에다 비상금을 넣어 주셨다. 어머니가 착안한 것이 아니라 군대를 보낸 적이 있는 어머니들 이야기를 듣고서 따라 해 준 것이다. 입대하던 날은 돈을 나만이 아는 비밀금고에 보관해서 도둑맞을 걱정은 없다고 생각했다.

보충대에 도착하니 전국에서 입대한 장병들이 수천 명은 되었다. 모여든 사람들 모두가 낯설어서 먼저 말 붙이기가 쉽지 않았다. 이런 분위기 속에 밉지 않은 얼굴을 가진 사람이 나에게 친밀감을 보이며 다가왔다. 다정하게 대하는 것이 진심으로 느껴져서 나도 마음을 열고 그와 가까워졌다. 내일이면 훈련소로 입소하는 마지막 밤도 그 친구 옆에서 잠을 잤다. 새벽에 잠에서 깨어보니 옆자리 그 친구가 보이지 않았다. 그래도 친절했던 친구란 생각에 인사라도 하고 싶어서 찾아보았으나 소속을 몰라서 찾을 수가 없었다.

이른 아침 변소에 가서 팬티 속에 돈을 확인하는 순간 '아차, 그놈한테 당했구나' 하는 생각이 들었다. 화장실 볼일을 보는 둥 마는 둥 하고 보충대 경내를 찾아 헤매도 수천 명 속에서 찾기란 불가능했다. '이 죽일 놈'이 의도적으로 돈을 노리고 나에게 접근한 것을 몰라본 것이다. 팬티 속에 돈 감추는 사례를 미리 알고서 물색 중 내가 걸린 것이다. 치솟는 울화에 숨이 멈출 것 같아서 참고 견디기가 참으로 힘들었다. 너무나 충격적인 일이라서 도둑맞은 돈 생각이 힘든 훈련보다 정신적 고통이 더 컸다. 군대 입대하기 전에 ㅇㅇ사람은 조심하라는 말을 들었다.

"속과 겉이 다른 사람은 항상 경계하라"는 말을 믿지 않고 '설마'하다가 당한 꼴이 되었다. 그때 보충대에 모인 입대자는 ○○ 지방과 충청이라는 사실이다.

다행히 손쉽게 쓰려고 도둑맞은 돈에 1/5 정도의 금액은 주머니에 넣고 있었다. 그 돈으로 다른 사람 px 열 번 갈 때 나는 한두 번 갔다. 빵을 먹다가 도둑맞은 돈 생각에 울컥해지면 먹던 빵이 목이 메어 억지로 삼켜야 했다.

돈을 여유롭게 쓰는 훈련병을 보면 볼수록 도둑맞은 돈 생각에 마음이 아파서 변소에 가서 펑펑 울기도 했다.

태풍이 지난 자리에도 평화가 온다고 했던가? 논산 훈련소 내무반에서는 옆 짝꿍을 잘 만났다. 서울 사람으로 서울 모 대학을 다니다가 입대한 친구로 부유한 가정에서 자랐는지 귀태가 나는 친구였다. 어떤 경로로 그 친구한테 전해졌는지 몰라도 그 친구는 식사마다 간식을 먹었다. 옆에 가까이 있는 나에게 가끔은 나눠 주었다. 훈련병 시절에는 상상도 못 할 일이었다.

보충대에서 가면을 쓰고 나를 속여서 돈을 훔쳐 간 사람과 훈련소에서 그 귀한 음식을 나눠 주는 사람을 볼 때 어떻게 만나느냐보다는 어떤 사람을 만나는 것이 중요한 것 같다.

# 초임 발령

교육대학을 졸업하고서 첫 발령지로 영동군 용화초등학교로 발령이 났다. 대학교 졸업 성적을 기준으로 발령을 냈다면 도내 시, 군 중에서 오지 중 오지로 발령이 난 것으로 보아 내 졸업 성적은 꼴등에 가까울 것이란 생각이 들었다. 그래도 교육대학교 졸업 성적이 좋은 교사가 되는데 절대적 조건이 아니라는 생각에 크게 위축되지는 않았다.

발령 인사차 영동교육청에 갔을 때 '영동'이란 이름 때문에 영동군으로 발령이 났다는 인사장학사의 장난 같은 말에 웃음이 났다.

발령지를 찾아가는 과정에 느끼는 감정은 착잡하기만 했다. 발령받은 학교는 지리적 여건이나 생활 여건이 너무나 열악했기 때문이다.

영동군 용화면은 충청북도라기보다는 전라북도 한 귀퉁이에 붙어 있는 유배지 같은 곳이다. 찾아가는 길도 영동에서 직접 가는 도로가 없어서 무주를 거쳐서 수십 킬로를 돌아서 설천으로 가는 길목에 있었다. 교통이 불편해서 그 당시에는 청주에서 4-5시간 이상 소요되는 거리였다. 용화면 소재지를 가려면 버스에서 내려 긴 징검다리를 건너 한참을 걸어야 했다. 장맛비라도 오는 날에는 오가도 못하는 외딴 섬이 되는 곳이다. 장마로 불어난 냇물이 허리 밑으로 줄어야만 물속을 걸어서 간신히 건너다니는 아주 낙후된 오지였다.

이불과 짐보따리를 어깨에 메고 발령학교를 찾아가는 길에 자개리 뒷산은 이른 봄이지만 흰 눈이 녹지 않아서 희끗희끗 계절을 잊은 듯했다. 도착한 면 소재지는 50여 호도 안 되는 아주 작은 면 소재지로 충북에서 가장 작은 면 소재지였다. 하숙집을 얻어 생활하다 보니 모든 생활이 전라도 풍습이었다. 언어도 사투리가 심해서 처음에는 알아듣지 못하는 말도 있었다. 방언은 지역 특성적 언어로 지역민끼리는 정감이 가지만 지역 간 언어 소통에는 불편을 느낄 뿐 아니라 지역 간 이질감이 있다.

이런 문제점으로 학교마다 바른 언어 교육정책으로 표준말을 가르쳤다. 교실마다 칠판 귀퉁이에 사투리를 표준말로 바꿔 쓰도록 1일 1단어를 가르쳤다.

부임한 학교는 직원이 모두 15명이었다. 나만 빼고 모두가 교원 양성소 출신이라서 교육대학을 졸업한 정식 교사는 나 하나였다. 교육대학 출신은 양성소 출신의 교사보다는 모든 면에서 잘할 것이란 그들의 시선에 부담감이 갔다. 잘못 처신하면 외톨이가 될 분위기였다. 그러나 직원 중에 청주에 사는 고등학교 선배가 있어서 마찰 없이 잘 지내게 되었다. 학교마다 일반적으로 부임하는 교사는 대개 5학년 담임으로 배정한다. 이런 관례인지 나도 5학년 2반 여자반 담임이 되었다. 반 학생 중에는 교장 선생님 딸이 있어서 부담이 가는 학급이었다.

학습준비 단계로 기초학력을 알아보려고 받아쓰기와 연산으로 간단하게 평가를 해 보았다. 판정 결과 5학년인데도 1/3이 학습 부진아로 한글도 제대로 읽고 쓰지를 못했다. 실망이 너무나 컸다. 이런 현실에 초임교사로서 자신감이 없어 어디부터 어떻게 시작할지 몰랐다. 학교를 그만두고서 집으로 돌아갈까. 망설이고 있을 때였다. 출근해서 교실에 들어가니 칠판에 삐뚤 글씨로

"선생님, 불쌍한 저희 공부 좀 가르쳐 주세요. 열심히 배우겠

습니다. 반장 정삼화 올림."

애원 같은 글이 칠판에 비뚤 글씨로 쓰여 있었다. 교사로서 부끄러움에 고개 들기도 민망했다. 내가 자진해서 사명감으로 할 일을 충고처럼 들었기 때문이다. 교사의 길을 선택하고서 교사로서 봉사와 희생, 책임감을 수없이 들어 온 자신이 부끄럽기만 했다. 교직 관이 투철하지 못해서 스스로 선택한 직장을 모독하는 꼴이었다. 실습생 같은 햇병아리 교사지만 언젠가 어미 닭이 되어 학생을 항상 따뜻하게 품는 사랑이 넘치는 교사가 되기로 했다.

# 교단 수기

교육은 먼 장래를 보고서 투자하는 백년지대계라고 한다. 그러나 나는 한 세대도 바르게 보지 못한 교육자였다. 올바른 교육은 인성교육으로 사람을 사람답게 기르는 것이 목표지만 나는 사람보다 시험점수만 올리려는 교육자였다. 70년대 교육 현실은 사고력과 창의성 중심 교육이 무시된 채 암기교육이 교육의 전부였다. 이런 모순된 교육에도 자기 개성을 살려서 성공한 제자들이 있어 다행이었다.

음성 능산초등학교 근무 당시에 3학년인 광선이가 교내 웅변대회에서 최우수상을 받았다. 그 당시 모습이 너무도 또렷해서 지금도 생각이 난다. 6 · 25사변을 기해서 실시한 반공 웅변대회였다. 제목은 '살았는지 죽었는지'였다. 이산가족의 아픔을 말하는 내용이었다. 어린 나이에 감정과 언변을 살린 웅변에 모두가 감동이었다. 전교 웅변대회에서 고학년을 제치고 3학년 학생이 최우수상을 받았다. 웅변에 특출한 재능을 엿볼 수 있었다. 이때 발견한 재능을 고등학교까지 열심히 노력한 결과 광선이 하면 도내에서 웅변으로 통할 정도였다. 웅변 재능을 살려서 신학대학을 졸업하고 인천에서 설교를 잘하는 목사가 되었다. 자기 개성을 조기에 발견해서 노력한 결과 적성에 맞는 직업을 갖게 되었다. 웅변하던 모습과 설교하는 모습을 견주어 생각하니 수긍이 갔다.

한편 청주 내덕초등학교 4학년 담임 시절에 교육자로서 기본도 지키지 못한 이야기다. 1교시 수업이 끝나도록 동근이가 등교하지 않았다. 2교시가 시작되고 10시쯤에 교실 뒷문으로 동근이가 들어왔다. 자초지종 묻지도 않고 이유도 없는 지각이란 생각에 지나칠 정도의 꾸지람과 심지어 매질까지 했다. 매를 참던 동근이가 울면서

"등굣길에 학교 뒷산의 참나무골을 지나다가 개미들 움직이는 모습이 너무도 재미있어서 정신을 놓고 바라보다가 시간 가는 줄 몰라서 지각했습니다. 선생님 잘못했습니다. 앞으로 다시는 그런

짓은 하지 않겠습니다. 용서해 주세요”

이 말을 듣고서는 나는 교사 자질도 없는 한심한 교사란 생각이 들었다. 자기 개성을 살려서 공부하는 학생을 칭찬은 못 할망정 꾸지람과 매질까지 한 자신이 부끄럽기만 했다. 그 후 동근이가 하는 작은 탐구 활동에도 칭찬을 아끼지 않았다. 과학고를 졸업하고 탐구력이 좋아서 카이스트에 진학해서 박사 학위까지 받았다는 말을 들었다.

70년대 교육 병폐는 일제고사였다. 매월 일제고사를 실시해서 학급 평균 점수로 학급 서열을 매기다 보니 담임 선생님은 주입식 교육에 더 집중할 수밖에 없었다. 모든 교육 성과를 시험점수에 의해 평가를 해서 암기 위주 교육을 벗어날 수가 없었다. 무조건 외우고 4지 선다형 정답 고르는 요령을 가르치는 것이 좋은 교수법으로 보일 정도였다. 학급 평균 점수를 올리기 위해서 학급 평균 점수를 까먹는 학생은 평균 점수에 미치지 못한 만큼 매로 보충해야 했다. 얼마나 비교육적인지 알 수 있다. 그래도 그 당시 학부모들은 점수가 뒤처져서 매를 맞는 자기 자식을 탓했지 매질한 교사를 원망하지 않았다.

요즘의 학교는 점수 교육마저 학원에 빼앗기고 인성교육도 사회 책임으로 돌려서 교사들은 교단에 설 자리마저 잃어간다. 거기다 인구 감소로 학생 수도 줄어 가르침보다 자리 보존에 신경을 써야 하는 안타까운 교육 현실이다. 점점 교사 발령 대기자가 늘고 있는 교육 현실에 선생님들 어디에 희망을 품고 살아야 할지 걱정이다.

# 총각 선생님

1970년대만 해도 농촌 지역에 근무하는 총각 선생님은 동네 처녀들에게 인기가 많았다. 농촌 사람들은 농사일에 바빠서 옷도 제대로 갖춰 입지 않고 몸도 제대로 가꾸지 않아서 남루해 보였다. 이런 농촌에서 양복 차림에 깔끔한 외모에 선생님들은 그들 눈에 선남선녀로 보였을 것이다. 동네 처녀들이 총각 교사와 혼인을 하면 다들 봉을 잡았다고 하는 말을 듣던 시절이다. 동네 처녀들은 봉을 잡으려는 마음으로 총각 선생님에게 구애가 심했다. 그래서 동네 처녀와 결혼한 선생님을 몇 명 보았다.

동네에서 부유하고 학식 높은 이장 딸은 총각 선생님들과 결혼 조건이 좋았다. 더욱이 이장 집에서 하숙하던 총각 선생님은 이장 딸과 접촉 기회가 많아서 자연스럽게 혼인이 성사되곤 했다.

나도 선생님이란 인기로 데이트를 했다. 한적하고 아름다운 농촌은 데이트를 즐기기에 좋은 장소가 많았다.

가을 낙엽길 함께 걸으며 시 낭송 같은 분위기의 대화로 눈빛을 나누었고, 눈이 오는 날은 약속이나 한 듯 눈길을 함께 걷다가 길을 잃어도 산속 무서운 줄 몰랐다. 여름밤 온갖 풀벌레 소리와 흐르는 냇물 소리에 마음을 담아 정담을 나누었다. 이렇게 좋은 분위기에서도 내성적인 성격에 손 한번 깊게 잡지 못했다. 농촌 풍경에 아름다움을 즐기는 마음으로 만났기에 결혼 생각은 없었다. 그렇지만 그 당시 추억은 지금도 가슴 뛰게 하는 아름다운 추억으로 남아있다.

적령보다 늦게 입학하는 바람에 6학년 여자아이들은 조숙한 아이들도 있었다. 6학년이 되면 남녀 관계를 어느 정도 알고 있었다. 친구처럼 지내는 선생님과 산책이라도 하면 산책 코스를 아는 종님이가 주동이 되어서 몇 명 아이들이 미리 길가에 숨어 있다가 돌을 던져가며 방해를 했다. 그뿐만 아니라 하숙 집 방문에 두 그림만 비쳐도 누구인지 확인도 없이 신발을 감춰 놓고 도망을 쳐서 애를 먹게 했다. 좋아하는 선생님을 다른 사람에게 빼앗기기 싫다는 마음에서 한 짓으로 보였다. 나는 오히려 그놈들 방해도 함께 즐기다 보니 그 애들이 밉지가 않았다.

반장이었던 종님이가 음성으로 나를 찾아 왔다. 졸업을 시킨 지가 10년이 넘어서 다 큰 숙녀가 되어 있었다. 종님이와 함께 식당에서 저녁을 먹게 되었다. 그 모습은 누가 보아도 다정한 연인처럼 보였다. 이런 사실을 나를 잘 아는 지인이 아내에게 남편이 바람피운다고 연락을 했다. 아내와 오해가 생겼다. 오해가 풀리지 않아서 싸늘한 집안 분위기는 오랫동안 갔다. 그러나 진실을 알고서는 미안한 마음에 지금은 그 제자가 찾아오면 나보다 아내가 더 반가워한다.

# 나의 술 역사

나는 고등학교 2학년 때 처음으로 술을 먹었다. 봄 소풍 가던 날에 친구가 부모님 몰래 가져온 술을 호기심으로 먹었다. 당시 술은 화학주이면서도 도수가 높아서 조금만 먹어도 취했다. 술이 목구멍을 넘어가는 순간에 목구멍에서 창자까지 따스한 물길이 지나듯 짜릿한 느낌이 들었다. 잠시 후 지구가 돌고 땅이 꺼지는 기분이었다. 정신이 몽롱해서 걸음걸이가 나도 모르게 휘청거렸다. 기분이 좋아서 하늘을 날 것 같았다. 어른들도 이런 기분에 술을 먹는 것 같았다. 성년이 되어서 나도 이런 기분에 술을 먹게 되었다. 술을 못 먹으면 남자 대접도 못 받던 시절이라서 억지로 술을 먹기도 했다.

하숙 생활로 퇴근 후에 혼자 있기가 적적해서 거의 매일 술을 먹게 되었다. 이런 내 모습을 본 주위 사람들한테 술을 너무나 좋아하는 선생님으로 알려졌다.

감기가 심해서 출근도 못 하고 누워 있는 나에게 반 아이들이 병문안을 왔다. 찾아온 그들 손에는 막걸리 한 병에다 안주는 눈깔사탕 두 개였다.

"선생님이 좋아하시는 막걸리 사 왔어요. 잡수시고 빨리 감기 나으세요"

"술 먹으면 더 아플 텐데."

"동네 어른들은 감기가 들면 술에다 고춧가루를 타서 먹으면 빨리 낫는다고 해요."

"여하튼 찾아와서 고맙다."

이놈들 하는 짓이 천진난만한 것인지 아니면 나를 골탕 먹이려 하는 짓인지 모르지만 감기에 술이라니 어처구니가 없었다. 그래도 아이들 마음을 헤아려서 눈치껏 돌려보냈다. 내가 얼마나 술을 좋아했으면 아픈 데까지 술을 사 왔을까 하는 생각에 쓴 웃음이 났다,

"술은 잘 먹으면 약이요. 잘못 먹으면 독이다"이라 한다.

술을 먹으면 좋은 점을 구체적으로 분명하게 말할 수는 없지만 잘못 먹으면 독이 된다는 것은 분명하다. 과음에 따른 실수로 자신은 물론 남까지 큰 피해를 주기도 한다. 요즘은 음주운전이 사회 문제로 대두되고 있다. 음주운전으로 고귀한 생명을 앗아가는 사회적 문제로 음주운전 단속을 강화하고 처벌 수위도 높이고 있다. 그래도 술을 즐기는 사람이 늘고 있는걸 보면 술과 삶은 떨어질 수 없는가 보다. 술을 먹지 않던 사람이 죽어도 제주(祭酒)로 이름을 바꿔서 제사상에 술을 올린다. 제사상에 술이 빠지지 않는 걸 보면 살아서 마시는 술 이상의 의미가 담겨 있는 것일까?

도수가 높은 술을 부실한 안주와 먹으면 인체에 피해가 크다. 그래서 술을 많이 먹은 사람은 보통 사람보다 단명하는 편이다. 술이 인체에 해로운 점을 알면서도 육체적이나 정신적으로 힘이 들면 술의 힘을 빌리려 한다. 이런 술 습관으로 술에 중독이 되어서 죽을 때까지 술을 끊지 못하는 사람도 있다. 술 때문에 가족 중 내 형님도 사업 실패로 충격이 커서 매일 술을 먹다가 40대 나이로 단명하였다. 어머니는 큰 자식을 잃은 슬픔에 30여 년을 막걸리로 사셨어도 여든일곱 살까지 사셨다. 그 당시로는 장수 한 편이었다. 이로 보아 먹는 술의 양과 수명을 절대적으로 단정하기는 어렵다.

술을 즐기던 나도 요즘은 먹고 싶은 생각에서 먹기보다는 분위기 맞춰서 소주 한두 잔이다. 사주학을 공부한 친구가 내가 죽을 운세를 95세라고 한다. 내 수명이 95세라는데 구태여 술을 멀리할 필요가 있을까 하는 생각이 든다. 그래도 옛날 그 맛에 그 분위기를 느끼지 못해서 술은 점점 나에게서 멀어져 가고 있다.

내 나이에 먹는 술은 먹고 싶을 만큼 먹고, 버리기 아깝다며 망설이지 말고, 피 같은 술이란 말에 속지 않고, 억지로 강요하는 술은 체면 무시하고 뿌리치다 보면 세상만사 술, 술, 술 풀려가겠지.

# 나이는 숫자

30대 중반부터 분기별로 초등학교 동창회 모임이 있다. 동창들이라서 몇 명을 빼고는 나이가 같다. 한 나무에 열린 열매가 익어가듯 친구들이 늙는 것도 비슷비슷했다. 그러다 일흔 살을 넘기고 나니 같은 나이인데도 나이가 달리 보이기 시작했다.

같은 동창이지만 동창 모임에 지팡이에 의지해서 쩔뚝거리는 걸음으로 힘겹게 참석하는 친구가 있는가 하면 한 시간 거리를 숨찬 기색 하나 없이 가벼운 발걸음으로 참석하는 친구도 있다. 이처럼 늙을수록 건강에 따라서 나이가 다르게 보였다.

동창들이지만 나이가 들수록 몸에 변화가 더 심했다. 모임이 있던 날, 다른 친구보다 더 늙어 보이는 친구에게 술잔을 건네며

"야, 임마. 내 술 한잔 받어" 하며 욕설 아닌 반말 어투로 말을 걸며 술을 권했다. 불알친구라서 이 정도의 말은 오해나 기분이

상할 일이 아니라서 술자리에서 보통 하는 말이었다. 옆자리에서 모임 식사를 하던 점잖은 분이 내가 한 말을 듣고서는

"여보시오, 아무리 임의로운 자리라 하지만 연세 많은 어른께 그렇게 막말은 너무 한 게 아니오. 존경어를 써도 뺨 맞을 일도 아닌데……" 라고 한마디 한다.

나한테 술잔을 받은 친구는 기분이 나빠 보였다. 그래도 동창들 모두가 배꼽 잡고 웃었다. 같은 나이인데도 열 살 이상 늙어 보였기 때문이다.

내가 술잔을 건넨 친구는 고향에서 농사일에 허리 굽혀 오랫동안 힘들게 살아서인지 동창들보다는 많이 늙어 보였다. 얼굴 주름살 골이 깊어 얼굴이 쭈글쭈글하고, 머리 빠진 대머리에 흰 새치가 더 많고, 어금니가 빠져서 오목 얼굴에 콧등에 안경을 걸쳤고, 허리는 굽어서 콧등이 밥상에 닿을 정도로 굽었으니 80살도 훨씬 넘겨 보였다. 누가 봐도 동창들 대 선배로 보였다.

술잔을 권유받던 친구는 젊은 시절에 동창회에서 속리산으로 등산 겸 야유회가 있는 날에도 등산을 포기한 친구다. 등산을 같이하자는 내 말에

"농사짓는 일이 운동이지. 농사꾼이 무슨 별도 운동이 필요해"

하면서 등산은 하지 않고서 산 밑 식당에서 막걸리만 먹던 친구다.

몸의 노화는 영양과 운동과 깊은 관계가 있다. 노화를 멈출 수는 없어도 늦출 수는 있다. 건강관리를 잘하면 나이보다 젊게 살아갈 수 있다. "먹어야 산다"라는 말처럼 운동도 밥을 먹듯 해야만 건강한 몸으로 늙음을 늦출 수가 있다.

그래서 요즘은 먹는 것 못지않게 운동을 강조하는 의미로 '움직여야 오래 산다'고 한다. 타지 않고서 오랜 시간 방치된 자전거는 녹이 나서 수명이 짧다는 말과 같다.

운동으로 건강을 유지하려 해도 나이가 들수록 귀찮은 생각에 뜻대로 실천하기가 쉽지 않다. 운동을 계속하려면 습관이 되어야 한다. 아무리 하기 싫어도 억지로 몇백 번 아니면 몇천 번 반복하다 보면 습관이 되어 운동을 꾸준히 하게 된다.

나는 계획된 식생활이나 운동을 습관화하여 나름대로 건강을 40년 이상 유지하고 있다. 몸무게를 30년 이상 63kg 으로 유지한 것이 건강 비결이기도 하다. 그뿐만 아니라 운동을 종합적으로 해서 건강지수(유연성, 근지구력, 심폐 지구력, 폐활량 등) 검사에서 실제 나이보다 12살이나 적다. 이런 내 모습에 주위 사람들은 나이에 비해서 젊게 보인다고 한다.

육체 건강 못지않게 정신 건강도 중요하다. 나이가 들수록 고독과 외로운 시간이 많아진다. 나는 외로운 사람이 되지 않으려고 좋은 친구와 친밀감을 계속 유지하고 있다. 그뿐 아니라 취미가 같은 동아리 모임에 적극적으로 참여한다. 각종 모임을 폭넓게 활동해서 혼자 있는 시간이 적어서 외로울 시간이 없다. 시간이 모자랄 정도로 사진과 문학 활동을 즐겨서 항상 보람 있게 시간을 보낸다.

지금도 책상과 침대 머리에 시집 몇 권 항상 놓여있다. 시상(詩想)이 떠오르면 메모하려고 항상 메모장을 갖고 다닌다. 메모하는 습관이 몸에 배어서 치매 걱정은 없다고 한다. 지금도 별도로 시간을 내어 계획적으로 사진 출사도 하고 글도 쓰고 있다.

계획된 식단과 운동으로 단련된 몸매에다 막내 아들이 넘겨준 젊은 패션을 입고 나서면 80대의 내 나이가 앞에서 보면 60대요. 뒤에서 보면 30대란 말을 듣는다. 듣기 좋은 말에 기분 좋아서 마음마저 건강해진다.

생각하며 움직이고, 움직이며 생각하는 나의 생활 습관 때문에 늙음에 속도는 내 건강한 몸을 앞지르지 못한다.

# 인생은 후반전

정년이 65세에서 62세로 줄어서 교장 승진 기회가 빨리 오는 바람에 교장까지 하는 기쁨도 있었지만 그만큼 3년을 앞당겨서 퇴직해야 했다.

정년 단축을 반대하는 선생님들도 있었으나 나는 별 의미를 두지 않았다. 일찍 퇴직하면 그만큼 내 시간이 많기 때문이다.

100세 시대에 퇴직하는 나이 60살은 인생 반환점 나이다. 그러나 40여 년 전만 해도 65세에 퇴직하면 인생의 4/5는 살았다고 했다. 그만큼 퇴직 후 삶이 짧았다. 퇴직 후에 10년 이상 사는 사람이 많지 않아 인생 후반은 큰 의미가 없었다. 그러나 지금은 장수 시대라서 퇴직을 하고도 인생에 반이나 남아서 70살 전후를 인생의 절정기라 할 수도 있다.

퇴직하면서 교육 동료와 지인들에게 서면으로 퇴임 인사장을 보냈다. 정년퇴직은 누구나 '미룰 수 없는 자리'라는 아쉬움을 담아서 내가 직접 촬영한 사진에다 퇴임 인사말을 써서 보냈다.

세월이 가면/ 떠나야 하는가 봅니다/ 미룰 수 없어 떠나야 합니다//

언제까지/ 내 자리 고집할 수가 없어/ 미련 없이 남겨 두고 떠나야 합니다//

당신 이야기에 귀 기울이며/ 함께 격려하고 즐거움 나누던 옛정을 남기고 떠나야 합니다//

이제 나를 찾기 위해/ 길 따라/ 빛 찾아/ 세상만사 그려보니//

참으로/ 아름답고 행복한 세상이 보입니다//

갈 길 많고/ 찬란한 빛 보이는/ 내 길 있으니/ 나는 더 행복 합니다//

오늘도 웃고/ 내일도 웃고/ 영원한 웃음 속에/ 당신을 영원히 간직하며/ 살아가려 합니다.

(2006. 8. 22 정년퇴임 자리에서)

인사장을 받아 본 사람마다 답장 인사말이 정들었던 직장을 떠나는 일이 시원하면서도 섭섭하겠다는 말이 대부분이었다. 그러나 그중에 인상 깊은 후배가 있었다. 음성 교육청에 근무하는 김 장학사다. 그는 내가 보내준 인사장에 사진과 글 내용이 너무도 마음에 들어서 자기 책상 책꽂이에 부착해 놓고서 자주 보고 있다고 했다. 자기도 퇴직하면 내가 보낸 준 글에 공감되는 부분으로 살고 싶다고 한다. 김 장학사의 말을 듣고서 시와 사진을 더 열심히 하는 동기가 되었다. 사진 활동을 오래 하다 보니 재미와 보람을 느껴서 지금은 취미를 넘어서 특기자로 활동 중이다.

나는 체육교육학 석사 학위까지 받고 중·고등학교 시절에는 배구 선수로 활동했다. 그뿐만 아니라 현직에 있는 동안에 많은 운동선수들에게 지도를 잘해서 유능한 체육지도자로서 알려졌다. 이런 사람이 예술(문학 사진)을 한다는 말에 반의하는 사람들이 많았다. 스포츠가 신체적 영역이라면 예술 쪽은 정서적 영역이기에 그런 생각이 들었는가 보다.

인생 후반전을 열심히 살려면 초심을 잊지 말아야 한다. 모든 일은 마음먹기에 달렸다. 나이가 들수록 욕심을 버리고 나이에 맞게 작은 일도 보람을 갖고 즐기다 보면 인생 후반전은 행복하다.

젊은 시절만큼 활동을 줄여가고 있다. 오랜 기간 해외 출사에서 두세 대의 카메라가 들어있는 가방이 무거운 줄 모르고 산줄기 날다람쥐처럼 날아다니던 시절이 있었다. 그러나 지금은 카메라 한 대도 힘들어서 출사를 꺼리고 있다. 그뿐 아니라 책상 앞에 앉아서 서너 시간을 싫증 없이 글을 쓰던 체력과 인내심은 없어지고 지금은 30분 버티기도 힘이 든다. '세월 앞에 장사 없다'는 말처럼 나이를 먹으면 먹을수록 나이에 맞춰 살아야겠다. 작품활동을 줄여 살더라도 이제껏 쌓아 놓은 좋은 시와 작품 사진을 정리하면서 인생 후반전을 후회 없이 살고 있다.

# 3부
# 천수답

장맛비로 수채마다 꿀꺽꿀꺽

아버지 목구멍에

막걸리 넘어가는 소리도 듣다 보면 내 배가 부르다.

아버지 얼굴 비출 만큼 천수답에 논물이 고이면 숨통 트인 논바닥

뿌글뿌글 생명줄 당기기에 바쁘다.

나답게 산다는 것

# 사윗감 면접

자식을 키워서 평생을 같이 살아갈 좋은 사람을 만나는 것은 매우 중요한 일이다. 아무리 자식을 잘 키워도 배우자를 잘못 만나면 키운 보람도 없이 불행하게 된다. 혼인은 만년지 대사로 무엇보다 어떤 사람을 만나느냐가 중요하다.

자식 삼 남매를 둔 아버지로서 딸자식을 시집 보내려 사윗감 면접을 보았던 이야기다.

딸이 대학을 졸업하고서 회사에 영양사로 근무하던 27살 때 일이다. 어느 날부터 대문 앞 20m 지점에 매주 토요일이나 일요일에 낮 선 차가 주차해 있었다. 차 안에서 낯 선 청년이 우리 집만 응시한 채 누군가를 기다리고 있었다. 그런 일이 두 달 이상 지속하자 망설이던 딸이 자기를 좋아서 따라다니는 회사 직원이라 했다. 부모로서 어찌해야 할지 몰라서 난감하기만 했다.

그런 일이 오랫동안 있어 더는 두고 볼 수가 없었다. 할 수 없이 만나 보기로 했다. 처음 만나는 일이라서 만나면 어떤 말부터 할까? 걱정이었다. 긴장되는 마음을 달래려고 식당에서 만나 맥주 500cc 두 잔을 먹고서 용기를 내어 생각해 두었던 것을 물어보았다. 물어볼 때마다 미리 준비한 사람처럼 깊이 있고 믿음이 가는 말을 들을 수 있었다.

“사람이 살아가며 행복의 조건이 무엇이라고 생각하세요”

“작은 것도 만족할 줄 아는 사람만이 행복하다고 봅니다. 아무리 풍족해도 만족 없이는 행복은 없다고 봅니다.”

보통 사람 대답은 아니었다. 노자가 말하듯 만족할 줄 모르는 것보다 더 큰 화는 없다는 말을 새겨서 하는 말 같았다. 세상살이를 금전만능으로 보는 요즘 세태에 욕심을 버리지 않으면 행복을 가질 수 없다는 말에 순수한 인간미를 느낄 수 있었다. 마음에 드는 대답에 고개가 저절로 끄덕여졌다. 두 번째 질문으로

“만약에 결혼을 해서 둘 사이에 큰 다툼이 있다면 누구와 상의하겠어요”

“저는 사리가 분명한 친구가 있어서 그 친구와 먼저 상의해 보겠습니다.”

" 어째서요"

"각자가 부모님께 말씀드리기도 어려울 뿐만 아니라 말씀을 드려도 부모님들은 각자가 자기 친자식 위주로 생각을 해서 일이 더 어렵게 되기 때문입니다."

부모는 각자 자기 친자식 위주로 생각을 해서 문제 해결이 더 어려워진다는 의미가 있는 대답이었다. 지혜로운 대답에 속이 깊은 사람으로 보였다.

마지막으로 가정 경제에 대해서 알아보았다.

"봉급을 얼마를 받는지 모르지만, 회사 봉급으로 생활하는데 충분한가요"

"저는 받는 액수보다는 봉급을 어떻게 쓰며 사느냐가 중요하다고 봅니다. 저축 때문에 오늘을 줄여서 살지는 않겠습니다. 오늘을 충실히 살도록 봉급에 맞춰서 살겠습니다."

더는 묻지 않아도 사람의 진실성을 알 수 있었다. 반은 승낙하는 마음으로 결혼을 해서 앞으로 살아갈 생활설계서를 A4 용지 2장 정도로 써오라고 했다. 일주일 후에 찾아와서 보여준 인생설계서를 보고는 감탄을 했다. 돈은 삶의 목표가 아니라 삶에 도구로서 설계된 내용을 보고서 참으로 멋있는 청년이란 생각이 들었다. 나는 망설임 없이 그 자리에서 결혼을 승낙했다. 그러나 사윗감을 만나보지도 않고서 들은 이야기만 가지고 반대하는 아내를 설득하는 것이 문제였다. 극구 반대하던 아내도 사윗감의 사람 됨됨이에 대한 내 이야기를 듣고서는 마음이 풀렸는지 허락을 했다. 지금은 친자식보다도 정이 더 가는 사이가 되었다. 매사에 성실하고 적극적인 삶으로 지금은 중소기업 공장장으로 근무하고 있다. 천생연분으로 만나 서로 좋아서 한 결혼인지라 사회에서 잘 나가는 치과의사인 남동생까지 누나가 아름답게 사는 모습이 부럽다고 한다.

나도 가끔 친구들에게 사위 자랑을 한다. 아들보다 더 친근감 있어서 시간이 나면 언제나 사위를 불러내어 돼지국밥에 막걸리를 마시며 친구처럼 지낸다고 했다. 그 말을 듣고서 친구들이 부러워하는 눈치였다. 보기만 해도 기분이 좋은 사위와 정담 나눠가며 막걸리 먹는 날은 참으로 행복하다. 식당에서 사위와 같이 다정하게 식사하는 모습을 보고는 국밥집 사장이

"두 사람 사이가 보기 좋습니다. 좋은 사위 두셨소, 자식보다 더 잘하는 것 같습니다."

"좋고 말고요, 그렇다고 우리 아들들한테 자식 차별한다고 말하지는 말아요."

웃음 짓는 말이지만 사위 표정이 더 밝아 보인다. 돌아오는 길

에 술을 같이 먹어 놓고서는 “아버님 나이도 있으니 술 좀 줄이세요” 하는 말을 오늘도 빠트리지 않는다. 하나부터 열까지 미운데 하나 없는 사위를 면접시험에 떨어뜨렸으면 크게 후회할 일이었다.

# 웃음으로 살자

웃으면 건강에도 좋고 상대방한테 호감이 간다. 살다 보면 기분이 좋아서 턱 빠지게 웃는 날이 얼마나 되겠는가. 작은 일도 큰 기쁨으로 생각하면 웃는 일도 많아진다. 웃음은 웃는 만큼 신체나 정신적 건강에 좋다. 그뿐만 아니라 다른 사람에게 좋은 인상을 준다. 그렇다고 상대방과 분위기에 맞지 않게 실실대며 웃는다면 맛이 간 사람으로 보일지도 모른다. 웃음도 분위기에 맞게 웃어야 한다는 말이다. 어떤 사람은 웃을 일이 없으면 억지라도 만들어서 웃으라 한다. 그러나 습관적으로 웃음없이 살아온 사람이 금방 표정을 바꿔서 웃기란 쉽지가 않다.

엘리자베스 콘리의 베스트셀러 『미소로 고통을 이겨라』를 보면 어쩔 수 없는 고통이라도 도망치지 말고 고통을 직면할 때 미소로 이겨내라 했다. 미소로 고통을 마주하고 괴로움을 이겨낸다면 새로운 인생을 시작할 수 있다는 말이다. 미소는 단순한 얼굴의 표정이 아니라, 삶의 태도이기 때문이다. 긍정적인 사람은 지금의 고통이 언젠가 지나갈 것을 알기에 웃을 수 있다. 그리고 자신감이 넘치는 사람은 이미 생각해 놓은 계획이 있어서 웃을 수 있다. 미소를 잃지 않으면 주변에 늘 기쁨과 행복이 함께하고 인생을 아름답게 즐길 수 있다.

"웃으면 복이 와요"란 말도 있다.

명언 같은 말이지만 따라 살기란 그리 쉽지가 않다. 표정은 그 사람이 살아온 과정의 반영이다. 학교에 근무할 때 학생과 학부모와 오랜 시간 상담을 한 경험으로 그 사람에 표정만 봐도 그 사람에 인성을 대강은 알 수가 있다. 갖은 고생과 구박 속에 오래 살아온 사람은 근심이 가득한 표정이다. 반면에 사랑과 웃음으로 자란 사람은 표정이 밝고, 명랑해 보인다. 이런 관점에서 관상학으로 그 사람의 운명을 예언하기도 하지만 믿거나 말거나 할 일이다.

만남에서 첫인상은 그 사람의 상징이 될 수도 있다. 표정이 굳고 무뚝뚝한 사람의 마음씨가 아무리 고와도 그 사람의 속마음은 들여다볼 수가 없다. 그래서 첫인상이 중요하다.

손자 세욱이는 작은 일에도 깔깔대며 잘도 웃는다. 거기다가 웃음소리가 너무나 맑고 낭랑해서 듣는 사람들 마음을 녹일 듯하다. 너무나 밝은 웃음에 내가 '살인 미소'라고 이름 지어 부르고 있다. 가족들 집안 분위기가 어색해도 손자 웃음소리에 금방 화기애애 해진다. 사람들은 손자 놈이 제 할아버지를 닮아서 잘도 웃는다고 한다. 나도 주위 사람들로부터 웃는 인상이 좋다는 말을 자주 듣는다. 사람을 만날 때마다 만나는 사람과 눈웃음으로 먼저 인사를 하고 대화를 한다. 반가운 표정으로 미소짓는 얼굴을 바라보며 나누는 대화는 정감이 더 가게 마련이다.

교사 시절에 학생이 잘못한 일이 있어도 무섭고 독한 표정보다는 부드럽고 인자하게 대했다. 이런 미소법으로 훈계를 하다 보니 잘못은 미워하되 사람은 미워하지 않게 되었다. 웃음 섞인 훈계는 장난으로 보일 수도 있으나 웃음치료사처럼 긍정적인 마음으로 학생을 지도했다.

학교장으로 근무하던 시절에 2학년 학생이 교장실로 찾아왔다.

"우리 선생님은 나한테만 화를 내서 나빠요. 그래서 우리 선생님은 싫어요. 그런데, 교장 선생님은 항상 누구한테나 웃어서 좋아요."

그 학생에 말을 듣고서 교사들 웃음 하나도 아동 정서에 깊은 영향이 있다는 걸 알았다. 그 학생 이야기를 더 듣다 보니 담임선생님의 차별 웃음에 대한 불만이었다.

담임선생님을 자주 찾아오는 학부모 자식한테는 웃음으로 대하고 그렇지 않은 학생은 웃음보다 화가 더 많다고 했다. 그래서 자기 담임을 혼을 내달라는 고지질 아닌 고자질이었다. 결국엔 치맛바람에 휘둘리는 담임에 잘못을 말하는 것이었다. 2학년 어린 학생들이라서 눈치채지 못할 거라는 생각으로 차별 웃음을 자행하는 담임을 어찌해야 하나. 외할머니 손에 자라고 있는 이 어린이에게는 얼마나 가슴 아픈 일인가. 오죽하면 교장실까지 찾아와서 웃음마저 차별하는 담임선생님을 혼내 주라고 할까.

웃음은 마음의 진솔한 표현이다. 마음속에 검정을 감추고 하얀 웃음으로 웃을 수는 없다. 맑은 물이 솟아 옹달샘이 맑듯이 얼굴은 마음을 비추는 거울이다.

"행복해서 웃는 것이 아니라 웃으니까 행복해" 하면서 오늘도 큰 웃음 한 번 신나게 웃어보자.

# 제 이름을 아시나요

이름은 그 사람을 기억하는 얼굴이다. "너, 어이, 야"로 불릴 때보다 '영동아' 하고 부를 때가 훨씬 듣기도 좋고 정감이 간다.

상대방이 이름을 기억했다가 불러주면 듣는 사람의 기분이 좋다. 이름을 기억했다가 부르는 것은 그 사람한테 관심이 있기 때문이다.

상대방에게 이름을 기억시키려고 명함을 주고받으며 자기 이름에 문패를 달기도 한다. 상술이 좋은 사람, 사교성이 좋은 사람. 정치하는 사람들은 자기가 필요한 사람들 이름을 오래도록 잘도 기억한다. 자기가 필요할 때 이름을 불러주어 좋은 인상을 남기려 하기 때문이다.

중학교 동창 모임이 있는 날이었다. 30년이나 보이지 않던 친

구가 식당 입구에서 친구들과 일일이 인사를 나누다가 나를 보고서는

"야, 영동아, 반갑다" 한다.

낯설어 보이는 친구가 오랜만이라면서 악수가 아니라 두꺼비 같은 손으로 나를 안으며 반가워한다. 나는 그 친구 생각이 안 나서 대충 인사만 하고 옆자리 친구에게 그 친구에 대해서 알아보았다. 그 친구는 7월 공무원 인사 발령으로 충북 부지사로 영전한 친구라고 했다. 30년이나 지나도록 한 번도 만나본 적이 없는 친구였다. 그런 친구가 어떻게 나를 기억하고 있을까? 궁금했다. 더욱이 내가 살아온 큰 줄거리도 대강은 알고 있어서 그 친구의 친화력에 감동도 보통 감동이 아니었다. 그 친구는 주위 사람들 이름을 잘 기억해서 시민들 마음을 얻었는지 그 후에 청주시장까지 했으니 인품 못지않게 이름 외운 덕을 톡톡히 보았는지 모른다.

지금은 나를 옥천이라 부른다. 내 이름 반영동(潘永東)을 半(반에 반) 永洞으로 청주와 영동의 중간 거리로 따져서 옥천이라 부르는 것 같다. 다른 사람 이름도 이런 발상으로 기억해서 부르는지 몰라도 여하튼 친화력이 대단한 친구다.

나도 이름 외우기로 인기를 얻은 적이 있다. 교장 첫 발령을 받

고서 부임하기 전에 같이 근무할 직원들 이름과 특성을 미리 알고 직원들에게 좋은 인상을 받은 적이 있다.

보통 다른 학교로 발령받은 선생님은 그 학교 현황만 사전에 조금 알고서 부임을 한다. 그렇지만 나는 학교조직을 움직이는 원동력은 직원들이라는 생각에서 직원들 이름부터 외웠다. 부임하는 첫날부터 이름을 불러주어 첫인상을 좋게 하려는 생각에서였다.

6학급 규모에 직원은 기능직을 포함해서 모두 16명이었다. 전부터 아는 직원 몇 명이 있어서 12명만 알면 되었다.

부임 첫날에 인사말로 "웃음으로 만나서 웃음으로 헤어지자. 그리고 우리 서로가 발목은 잡지 말고 손목만 잡으며 근무를 하자"는 짧은 인사말만 하고 직원들 앉은 자리를 돌아가며 인사를 나눴다.

"김 선생님, 수학경시반에 아동들을 잘 가르쳐서 도내 경시대회에서 장려상을 받았다면서요. 올해도 부탁해요."

"윤 선생님, 1학년 지도가 프로급이라면서요. 1학년 아동들은 너무나 행복하겠어요."

"오 선생님, 교육장기 육상대회에서 성적이 좋았다면서요. 선

수 지도에 열성이 대단하다는 말을 들었어요. 올해도 파이팅을 해요."

"김 기사님, 국화 재배에 소질이 있다고 들었어요. 올가을에도 학교가 국화 향기로 가득하겠네요."

이렇게 전 직원에게 일일이 인사를 했다. 칭찬 겸 당부 말을 듣던 직원들은 언제 자기 이름을 알았을까? 궁금해하면서도 이름을 알아주는 친근감에 어색한 분위기가 사라졌다. 몇 년을 같이 근무한 화목한 분위기로 출발하게 되어서 내 작전은 성공한 셈이다. 첫날부터 직장 분위기 좋고 상호 간에 신뢰감이 생겨서 자율적인 학교 경영을 하게 되었다. 나의 꼼수 작전으로 미리 이름을 외웠다가 불러주어 머리 좋다는 말을 듣다 보니 우습기도 하고 즐거운 일이기도 했다. 얼마 후에 눈치를 챈 선생님들이

"교장 선생님, 제 이름을 아시나요?" 하고 물었을 때

"선생님들 이름을 하도 많이 불렀더니 이름도 닳아서 없어졌는지 잘 모르겠네요." 하자 교무실은 온통 웃음바다가 되었다.

내가 승진을 재촉하며 제일 많이 불러주던 김○○ 선생님, 이

름을 많이 불러서 지워졌나. 교감 자격증을 받고서 발령도 받지 못한 채 육십도 안 돼서 죽음을 맞아 현세에 이름이 없어졌다. 내가 너무나 그 선생님 이름을 너무 많이 부르는 바람에 하느님도 따라 불러 하늘나라에 먼저 불려갔을까. 너무 빨리 사라진 선생님 이름이 안타깝기만 하다. 하늘의 부름은 거절할 수가 없다. 그래도 하늘나라에서 당신이 불러주던 제자들 이름 속에 당신 이름은 영원한 메아리로 남아 있을 것이다.

# 말의 상처

언어는 인간이 살아가는데 가장 중요한 매체다. 말 한마디로 매사가 달라질 수 있어서 잘 쓰면 약이요. 잘못 쓰면 독이 될 수 있다.

말로 웃기도 하고 울리기도 한다. 개인 간에 불화는 물론 국가 간 분쟁도 말 때문에 생기기도 한다. 무심코 던질 말이 상대방에게 칼에 의한 상처보다 더 아픈 상처가 되기도 한다.

나이가 들면서 행동 폭도 작아져서 친구들도 점점 멀어지게 마련이다. 어쩌다 소식이 없는 친구가 생각나서 전화라도 할까. 하다 '무소식이 희소식'이란 말에 망설일 때가 있다. 이런 분위기로 말을 조심하며 지내고 있을 때 다정했던 초등학교 친구한테서 전화가 왔다. 친구 중에서도 건장하고 힘이 장사라고 하는 친구였다. 건강하던 그 친구가 건강검진에서 암이 발견되어 수술과 입원 치료로 넉 달이나 고생했다는 말을 들었다. 큰 수술까지 한 사실을 알지 못해서 병문안을 가지 못했다. 미안한 마음에 점심이라도 같이하자는 약속을 하고 만났다. 만나서 주로 건강 이야기를 했다. 이야기를 나누던 도중에 요즘 나의 근황을 묻길래 '사진 출사도 하고 시를 쓴다' 했다. 생각 없이 말하는 나쁜 버릇이 있는 그 친구는 나이가 들었어도 옛날 그 말투로 내 속을 뒤집는 말을 했다.

"내일이면 죽을 사람이 아깝게 돈을 버려 가며 쓸데없이 사진을 하고 있어, 이 사람아, 정신 차리고 이제 그만하게"

친구는 대수롭지 않게 하는 말이지만 내 속은 부글부글 끓었다. 그래도 내가 마련한 점심 자리라서 입술 깨물며 친구 말에 의미를 두지 않으려 애를 쓰다 헤어졌다.

불편한 마음으로 헤어진 지 한 달이 지나서 그 친구한테서 전화가 왔다. 얼마 전에 점심 대접을 잘 받아서 고마운 마음에 자기도 점심을 사겠다는 전화였다. 친구는 전화 도중에 또 내가 듣기에 거북한 말을 했다. 내일이면 죽을 나이에 내가 하는 일이 무의미하다며 충고 같은 말을 또 했다. 나는 더는 참을 수가 없어서 두 말없이 전화를 끊고서 지금은 소통도 없이 지내고 있다.

친구 말은 내일이면 죽을 사람은 오늘의 삶을 무의미하게 살아도 된다는 말이 아닌가. '죽을 나이가 되었으니 삶을 포기하라.' 얼마나 절망적이고 비극적인 말인가. '내일 죽더라도 하나에 사과나무를 심어라.' 하는 말의 참뜻을 모르는 친구가 안타깝기만 했다.

말은 마음에 간직했던 그 사람의 감정의 표출이다. 말에도 뼈가 있다는 말이다.

친구가 나에게 마음에 상처가 되지 않게 '자네는 나이를 먹어도 대단한 친구네. 지금도 젊은이 못지않게 뜨거운 열정으로 사는 친구라서 부럽네.' 아니면 '이 사람아. 우리가 아직도 청춘인지 아나. 작품 활동 좀 줄여서 무리하지 말게나. 우리 나이에 건강 한번 해치면 나처럼 회복하기가 힘들다네.'

이렇게 듣기 좋게 말해 주었으면 얼마나 좋았을까 하는 안타까운 마음이었다. 친구한테 들은 야속한 말도 깊은 마음으로 새겨들어 "나이를 먹었으니 젊었을 때처럼 함부로 몸을 쓰다 보면 상할 수도 있으니 활동을 줄여서 살라'는 의미로 해석하면 크게 오해할 일도 아니었다. 이런 생각으로 이해하려 해도 처음 들었던 내일 죽을 사람(늙은 사람)은 희망도 없이 살라는 말이 너무도 큰 충격으로 남아 용서가 되지 않았다.

사람들 말투를 보면 매사를 긍정적으로 보는 사람이 있는가 하면 무조건 부정적으로 보는 사람이 있다. 장점을 말하는 사람은 그 사람에 좋은 점으로 말을 하지만 부정적인 사람은 그 사람의 단점만 가지고 나쁜 점만 말하게 된다. 내가 잘 아는 친구는 많은 사람과 말을 해도 누구 한 사람 칭찬하는 말을 듣지 못했다. 심지어 자기가 부정적으로 말하는 사람을 긍정적으로 바꿔 말하면 그 사람까지 미워한다. 모순이 또 다른 모순이 된다. 나이가 들다 보니 고착된 말투를 고쳐서 살기가 쉽지 않다. 젊은 사람들이 나이 든 사람의 말을 싫어하는 것은 몸에 밴 교훈적 말투인 것 같다. 생각 없이 말하는 사람은 자기 혀에 날을 세워 자기도 상처를 입는다는 사실을 잊지 않아야 한다. 아름다운 말씨는 고운 심성에서 비롯된다. 매사를 아름답게 보는 사람만이 말도 아름답다.

# 몸이 녹슬기 전에

건강한 삶은 모든 사람 소망이다. 건강은 삶의 바탕이요. 활력소다. 요즘 사람들은 건강에 지나칠 정도로 신경을 많이 쓴다. 이런 사람들의 심리를 이용해서 건강식품, 약, 건강 기구, 용품들이 난무하고 있다. 효과가 있든지 없든지 사람들의 마음을 끌려고 온갖 방법으로 선전을 한다. 심지어 팬티까지 건강 팬티가 있다는 말에 웃음이 난다. 나도 홍보물에 마음이 끌려서 비싼 건강식품을 사서 먹다가 효능이 없어서 먹지 않는다.

장수한 노인들의 건강 비결은 건강 기능 식품보다는 소박한 밥상과 항상 움직이는 생활 습관이다.

몸이 녹슬지 않으려면 운동은 필수다.

신체 각 부위가 녹이 슬지 않도록 운동을 해야 한다. 옛날 선조들은 몸을 움직여서 생필품을 구하려고 정식적인 운동은 아니어도 항상 움직여서 기초 체력은 갖고 살았다. 생활에 기본 요소인 의. 식. 주 해결을 위해서 걷고, 뛰고, 달리고, 던지고, 돌리고, 당기고, 밀고하다 보면 자연히 종합 운동 세트가 되었다.

내가 어릴 적에는 비만한 사람을 거의 볼 수 없었다. 부족한 식량에 모자란 듯 먹고서 매일 매일 움직이며 살았기 때문이다. 그러나 지금은 노동과 운동을 구분 지어서 육체적 노동자들도 별도의 시간을 내어 작업에 사용치 않은 근육을 단련한다.

농사짓는 사람은 삶 자체가 운동이라면서 별도로 운동을 하지 않는 편이다. 생활 방식이 잘못되었는지 아니면 우연에 일치인지 몰라도 이런 사람들이 다른 사람보다 단명하는 것 같다. 지금도 내 주위에서 농사를 짓는 사람들은 대개가 운동 삼아 농사를 짓는다고 한다. 그 말에 굳이 반론할 생각은 없으나 이치에 맞지 않는 말 같다.

나도 퇴직을 하고서 날마다 시간에 맞춰 걷기와 자전거로 운동을 한다. 요즘은 허리가 아파서 허리에 좋다는 걷기운동을 주로 한다.

병원에서 진료를 받을 적마다 의사들이 하는 말 중에 '운동을 꾸준히 하라'는 말을 빠트리지 않는다. 건강한 사람이 되려면 아픈 몸을 치료하기에 앞서서 운동으로 건강한 몸을 지키라는 의미

있는 말이다.

내가 볼 때 주위 사람들이 운동하는 모습을 보면 안타까울 때가 있다. 아주 천천히 걷기만 해도 운동이 되는 줄 안다. 그렇게 하는 운동도 효과가 있을까? 하는 의문이다. 자기 체력에 맞게 운동을 해야 효과가 있다는 사실을 모르는 사람들이 많다.

내가 익혀 온 운동 방법에 첫째 조건은 점진적인 운동법이다. 쉽게 말해서 운동은 양보다 질이 중요하다. 어슬렁대며 1시간 걷기보다는 숨 가쁠 정도로 10분 걷기가 더 효과가 있다는 사실이다. 자기가 가진 체력보다 작은 수치의 운동부하량은 운동 효과가 작거나 아예 없기 때문이다.

나이가 들수록 운동은 꾸준히 해야 한다. 젊었을 때는 운동을 며칠간 쉬어도 체력에 큰 변화가 없으나 나이가 들면 들수록 조금만 쉬어도 근육량이 금방 줄어드는 걸 볼 수 있다. 밥이 보약이라고 하듯이 운동도 매일매일 밥 먹듯이 해야 한다.

두 번째로 정신건강이다.

정신이 건강하지 않으면 아무리 육체를 단련해도 건강을 지킬 수 없다. 정신건강의 최대의 적은 스트레스다. 살다 보면 스트레스 하나 없이 살기란 어렵다. 스트레스는 긍정적인 생각의 부족에서 온다. 단순하게 생각할 일도 복잡하게 생각해서 불만과 불평으로 스트레스를 받는다. 매사를 부정적으로 사는 사람은 정신건강에 해롭다. 그래서 정신건강은 생활 습관이 중요하다.

정신건강에서 고독과 외로움이 문제다. 고독과 외로움은 사람의 마음을 병들게 하는 세균과도 같다. 마음이 녹슬지 않도록 어울려 살고 매사를 즐겁게 살아야 한다. 외롭지 않으려면 하루에 30분 이상 대화할 친구가 한 사람 이상은 되어야 한다.

나의 건강상태가 병원에서 웃음 짓게 했던 이야기다. 병원에서 나를 진료하던 의사가 운동으로 단련된 내 몸을 보고서

"누가 이 몸을 80대로 보겠습니까? 대머리가 아니면 60대로 보지."

운동으로 단련된 몸은 건강 척도가 된다는 말이다. 나이는 숫자에 불과하다는 의사에 말에 공감이 간다.

신경외과에서 팔뚝에 주사를 놓던 간호사가

"팔뚝에 힘을 주지 마세요" 한다.

단단하게 단련된 내 팔뚝 근육을 몰라보고서 하는 말이다. 간호사는 내가 팔에다 힘을 주고 있는 것으로 착각한 것 같다. 힘을 주지 않고 단단한 내 팔 근육을 알아보고서 무안해하는 간호사 모습에 웃음이 났다. 건강을 지키려면 자기 체력에 맞는 운동

을 꾸준히 하는 것이 중요하다. 지금도 나는 시간과 공간만 있으면 언제나 달리고 또 달린다.

# 애완동물은 행복할까

마하트마 간디는 '한 나라의 위대성과 그 도덕성은 동물을 다루는 태도로 판단할 수 있다.' 한다. 이 말이 뿌리가 되었는지 애완동물 수도 1500만 마리에 애완동물 가구 수도 638만 가구나 된다고 한다.

사람보다 애완동물이 더 대접받는 세상이다. 사람보다 반려견에 병원진료비가 더 비싸다는 말도 있다. 장례조차도 사람보다 더 우대하려는 분위기다. 애완동물을 가족으로 여겨 애완동물을 '어머니, 누나, 오빠, 아빠'의 대상으로 거리낌이 없이 부르고 있다.

엄마가 시장을 가면서 '해핀지, 개핀지' 부르며 "엄마 시장 갔다 올 테니까 잘 놀고 있어" 하는 말을 들었다. 아무리 둘러봐도 사람은 볼 수가 없었다. 알고 보니 강아지를 자기가 낳아서 기르는 자식처럼 부른 것이다. 해피(행복)의 파트너가 아니라 개피

(개에 피로) 맺은 혈연인가? 말도 안 되는 말이지만 말이 된다고 하는 사람들이다.

반려견을 사람처럼 대해 준다고 그들이 과연 좋아할까? 개는 개처럼 살아야 하고 사람은 사람처럼 살아야 한다. 반려견이 사람과 같은 환경에서 산다고 해서 좋아할까? 아마도 그놈들한테 개집보다 주인 안방이 좋으냐고 물어보면 모두가 제가 살던 옛집이 더 좋다고 하지 않을까?

개를 인간(개를 人種) 이상으로 대하는 사람들 때문에 이제 개새끼는 욕설도 아니다. 그렇다고 칭찬은 더욱 아니다.

사람보다 강아지가 우대받는 세상에 시장을 가는 어머니의 메모장에는 가족을 위한 물품 목록보다도 강아지에 필요한 목록이 더 세세하게 적혀있는 걸 볼 수 있다. 사람보다 강아지를 먼저 생각하는 것이 과연 바람직한 사회인가? 의문이다.

딸네 집의 강아지보다도 대우를 받지 못하는 친정어머니 이야기다. 친정어머니가 '목욕탕에 같이 가서 등 좀 밀어 달라'는 전화를 이웃에 사는 딸에게 했다. 전화 받은 딸이 강아지 목욕시키는 중이라며 다음에 가자면서 어머니 전화를 끊었다. 딸 집에 개 팔자도 못 되는 어머니 속마음을 어찌하랴.

개보고 개새끼라고 부르기도 겁이 난다. 혹시 개새끼라고 불렸다가 동물 학대죄, 모독죄, 명예훼손죄로 벌금이라도 나올까 걱정이다.

내가 어릴 적에 개는 천시되는 똥개로만 알았다. 기저귀 없이 아기를 키우던 시절에는 아기가 똥을 싸면 방문을 열고서 '워리 워리' 개를 부르면 순식간에 방으로 뛰어 들어와서 아기 똥을 먹어치웠다. 그래서 똥개로 부르는 줄 알았다. 지금은 반대다. 반려견이 똥을 싸면 사람이 치워 주는 세상이다. 똥개로 천시되던 개가 지금은 주인이 받들어 모시는 상전이 되었다. 개와 같이 외출할 때도 주인은 걸어가면서 개는 유모차에 태워 모시고 다니는 사람도 있다. 뭇 사람들한테 무시당하며 사는 사람은 차라리 개로 태어났으면 더 좋았을걸. 개 팔자가 부러운 세상이다.

개들에게 반려견으로 사는 것이 행복하냐고 물어보면 그놈들 대답은 아니라고 대답할 것 같다. 애완이란 명목으로 주인 마음대로 그들의 생태적 습성이 무시된 채 사육되기 때문이다. 걱정 없이 의식주만 해결해 준다고 개들이 과연 좋아할까?

개들도 옛날 살던 시절이 그리울지 모른다. 목줄 없이 마음대로 동네 산책도 하고, 잠도 마음대로 자고, 방문 없는 집에서 자유롭게 외출도 하고 싶을 것이다. 심심하면 이웃 친구(개)를 불러 데이트도 하고, 새벽마다 어느 집 개가 아침 인사 멍멍대면 온 동네 개들 화음 맞춰 살던 시절이 그리울 것이다. 목줄에 매여서 자기 마음대로 갈 길도 가지 못해 항상 구속 아닌 구속이다. 개가 자기 똥을 치워 주는 주인을 고맙게 생각할까? 똥 싸는 일까지 간섭하면서 꽁무니를 따라다니는 사람을 반가워할까? 자유를 찾아 탈출한 들개들이 사람(주인)을 위협하는 현실을 보면 애완견에 대한 지나친 애착이 사회에 화근이 되고 있다.

개가 사람보다 더 존중되는 서글픈 이야기다.

옆집에서 개를 기르는 60대 중반 아주머니가 자식 이상으로 개를 좋아하며 키우고 있었다. 개를 7년 동안 자기 시어머니보다 더 지극 정성으로 모시듯 살았어도 결국은 죽고 말았다. 죽은 개를 앞마당 좁은 화단에 묻고 장례를 치렀다. 그 후에도 시간이 날 적마다 개 무덤 앞에서 우는 모습을 볼 수 있었다. 개가 죽고 나서 식음을 전폐했는지 얼굴이 핼쑥해 보였다. 사람 죽음보다 더 슬퍼하는 모습에서 생명체에 대한 존엄일까. 개에 대한 애정일까. 반려견에 지나친 애착으로 보였다.

그러다 시어머니가 돌아가셨는데 죽은 개보다 더 슬퍼하지 않는 걸 보았다. 죽은 강아지 앞에서 쏟아지던 눈물이 시어머니 영정 앞에서는 눈물 한 방울도 없었다. 떨어져서 살던 시어머니보다 매일 같이 살던 강아지가 더 정이 들었기 때문일까?

아무리 생명의 존엄성을 강조해도 개와 사람의 생명에 가치는 다르다고 본다. 사람 위에 사람 없다는 말은 되지만 사람 위에 개가 있다는 말은 아니다. 야만인 소리를 들어가면서까지 보신탕을 좋아하는 사람은 똥개를 더 반기니 생명체에 가치를 어떤 기준에 맞추며 살아야 하나.

동네 공원에는 자식을 데리고 온 사람보다 개를 데리고 온 사람이 더 많다. 사람들의 쉼터를 개들에게 양보하라는 세상이다. 공원에다 똥을 싸는 개를 탓하다가 개 주인한테 오히려 내가 망신을 당했다. '개들에게 내 자리도 비켜주며 살라'는 개 같은 말에 나는 어떻게 해야 할지 모르겠다.

개처럼 살기를 바라지 않는 사람이 개처럼 살아가고 있으니 개판 같은 세상이 아닐까?

## 글의 힘
### — 친구들 마음을 움직인 안내장

모임이나 단체 활동은 회장단 성의에 따라서 모임에 질이 달라진다. 성의가 부족한 형식적인 안내장을 받아 보면 올 테면 오고 싫으면 말라는 느낌이 들 때가 있다. 우정으로 맺은 학교동창회 모임은 의무적 모임이 아니기에 더 그런 생각이 들게 했다.

내가 참여하는 모임 중에서 가장 안 되는 모임이 고등학교 동창 모임이다. 사오십대만 해도 동창회에 참석자들이 많아서 서로 간에 대화도 한번 없이 헤어지는 친구가 있을 정도였다. 그렇게 활성화되던 모임이 60대 나이부터 시들해졌다. 분기별 모임인데도 어떤 때는 겨우 5,6명 참석으로 모임의 의미가 없었다.

점점 시들해져 가는 동창 모임이 안타까워서 모임을 활성화하려는 마음에 자진해서 내가 총무를 맡았다.

모임의 활성화는 참석인원을 늘리는 것이 최선책이다. 친구들이 참석하려는 의욕을 갖게 하려고 틈틈이 전화나 문자로 소통을 했다. 특히 모임 안내장 문구에 정성을 들였다. 이런 안내장 때문인지 총무를 맡고서 첫 모임부터 상상외로 친구들이 많이 참석했다. 자주 빠지던 친구가 참석해서 하는 말이 '안내장을 받고서 안내장 문구에 마음이 끌려서 참석하게 되었다'고 한다. 신경을 써 보낸 안내장이 효과를 본 것 같다. 친구의 말처럼 진심은 누구에게나 통하게 마련이다.

참석한 친구들이 고맙고 아직도 우정은 식지 않았다는 생각에 총무로서 할 일을 더 열심히 하게 되었다.

안내장을 통해서 모임 활성화는 대성공이었다. 진실이 없는 형식적인 안내장으로는 친구들 마음을 얻지 못한다는 사실이다. 모임은 참석하려는 동기 부여가 중요했다.

친구들 마음을 끌려는 애절한 호소문 같은 안내장이다.

우리가 늙어 가는 것이 서러운가. 나무들마저 울긋불긋 걱정거리가 태산인가 봅니다. 하늘마저 먹구름 몰려드니 늙은 마음 달래 줄 친구 하나 더 그리워집니다. 좋은 집, 좋은 차 열보다 좋은 친구 하나만 못하다고 합니다. 늙어서 행복 순위는 진정한 친구 수에 비례한다고도 하지요. 식어가던 동창회 모임이 점점 따스하게 익어가고 있습니다. 아직도 자기 고집으로만 살려는 친구가 있어서 안타깝기만 합니다.

전화를 걸 사람도 없고 또 전화를 받을 사람도 없다는 것은 참으로 불행한 일입니다. 만나자는 사람도 없고 전화하는 사람도 없다는 것은 서로가 거리를 두고서 살기 때문입니다. 오라는 곳이 있으면 무조건 참석하세요. 그리고 만나보세요. 그 만남은 모여서 먹는 것보다도 우리가 살아온 날보다 살아갈 날이 너무나 짧다는 데 있습니다.

오해 아닌 오해와 미룬 참석에 미안해하지 말고 친구들 손을 잡고 참석하세요. 친구들이 팔을 벌려 당신에 늦은 발길도 밝은 웃음으로 반기고 싶어 합니다. 그대가 돌아올 때까지 모두가 따뜻한 마음으로 기다리겠습니다.

(2015년 3/4분기 모임에서)

모임을 활성화하고 총무를 새 임원진에 넘기고 나니 잘 되던 동창회가 또 시들해지기 시작했다. 늙은 나이 탓일까? 아니면 임원진에 열의 부족일까? 안타깝기만 했다.

나이가 들면서 잊어가는 친구들과 아름다운 추억에 빠지고 싶어서 애절한 마음으로 친구들을 불러 본다.

'상문아, 재문아, 순조야 장우야…….'

현고학생(顯考學生)으로 불리기 전에 만날 시간 없으면 전화라도 자주 하자. 브레이크도 없는 세월은 멈출 줄도 몰라 어느덧 우리가 졸업한 지 50년이 지났다. 늙은 만큼 세상을 익혀서 살아보려 하지만 어디 세상 이치가 고분고분 늙은 마음 헤아려 주지 않는구려. 늙을수록 친구만큼 좋은 것이 없습니다. 아무리 100세 시대라고 하지만 우리 나이에 마지막 하차장이 얼마나 남았겠소. 움직일 수 있을 때 인생을 즐기세요. 걷지도 못할 때 후회하지 말고 몸이 허락하는 한 가보고 싶은 곳이 있으면 망설이지 말고 가세요. 만나고 싶은 사람 있으면 따지지 말고 무조건 만나보세요.

웃음소리 누가 더 큰가 내기라도 하면서….

(2016년 1/4분기 모임에서)

# 천수답

천수답은 사전적 용어로 하늘만 바라보면서 농사를 짓는다고 해서 천둥지기 또는 하늘바라기라 한다. 아무리 부지런한 농부도 하늘이 하는 천수답 농사는 하늘을 따를 수밖에 없다.

내가 어릴 적에 우리 집은 천수답 1200평에 비가 오면 들어가지도 못하는 황토밭 500평이 전부였다. 지금은 농업생산 기술 발달로 그 정도에 전답이면 일곱 식구에 식량은 충분하다. 그러나 그 당시에는 수리 시설이 안 되고 비료나 농약도 부족해서 열심히 농사를 지어도 한 해 식량도 모자랐다. 그래서 주식인 쌀이 떨어지면 깡 보리밥으로 보릿고개를 넘기고 그도 모자라면 장리(長利)로 살아야 했다.

하늘이 짓는 천수답 농사는 가랑비나 지나가는 소낙비로는 마른 논 입술만 축여서 농민들 애간장만 태웠다. 천수답은 큰 장마가 져야만 논에 물이 고여서 모내기를 할 수 있었다. 내 고향 시루산 밑 '큰말'은 어느 한 군데 물길이 닿지 않아서 동네 앞에 논은 모두가 천수답이었다.

아버지는 천수답 농사는 하늘이 짓는 농사라 하시며 하늘만 바라보고 사셨다. 장맛비에 논물 가득 고이기만 바라시는 아버지는 그래도 천수답이 희망이었다.

농부들은 망종까지 파종하면 수확을 할 수 있다는 기대감에 장맛비를 기다리다가 어느 해는 하지가 되어도 벼 한 포기 심지 못했다. 어머니는 심한 가뭄 걱정에 장독대에 정한 수 떠 놓고 하늘에다 천심을 달라며 빌고 빌었다.

"하늘이여

아무리 배가 고파도 논바닥에 금이 간만큼 당신을 미워하지 않겠습니다. 농심은 천심으로 살아야 한다고 올 같은 독한 가뭄에도 불평 한마디 없이 살고 있습니다. 빈창자에 푸른 파도 흘러넘쳐서 시든 잡초가 깨어나는 것을 당신의 위대함에 하늘을 원망하지 않겠습니다. 하늘의 뜻을 공명심으로 알고 손톱이 닳아서 없어져도 손톱 끝에 꽃이 필 때까지 손톱을 깎지 않는 농심을 헤아려 주옵소서. 파란 하늘에 소낙비 기다리는 마음에도 함부로 햇살을 꺾지 않겠습니다. 수채마다 장맛비 넘쳐 흘러서 풍년가 듣고 싶은 마음에 두 손 모아 하나님께 비를 달라 빌고 비나이다. 손잡고 머리 숙여 장맛비 주룩주룩 기다리는데 마른하늘에 웬 농무 소리만 저리도 요란한가요.

하늘이시여!

저희 목숨은 하늘의 뜻입니다. 부디 굽어살펴 주옵소서."

장맛비 오는 날이면 수채로 모여드는 빗물로 수채의 숨통 터지는 소리로 '천수답 물줄기' 가득 차올라

수채마다 꿀꺽꿀꺽/ 아버지 목구멍 막걸리 넘어가는 소리/ 목청 메인 청개구리/ 가시 울음 울고/ 황새는 슬금슬금 눈독 들인 먹잇감에/ 날갯짓 한 걸음 옮겨 앉는다/ 아버지 얼굴 비출 만큼/ 논물 고이면/ 숨통 트인 논바닥 뿌글뿌글/ 명줄 당기기 바쁘다/ 벼 한 포기 심지 않은 논에/ 산도 끼어들고 나무도 들어서면/ 쌀방개 똥방개 한 가족 다정한데/ 거머리는 빨대 물고 피 냄새로 숨어들겠지/ 물무당 뱅뱅이 굿 장단에 엿장수 떼 지어/ 장 구경 가는 날/ 촉새도 은근슬적 따라나선다/ 온갖 잡새들 주둥이로 모내기 연습 중/ 그놈들 하는 짓 대견하다/ 맹꽁이들 배 터지도록/ 풍년가 부르면 노을빛 황금 들

녘/ 쟁기 밥 두 술에 두툼해진 입술/ 하늘이 천수답에 밥을 먹이고 있다//

— 반영동 시집 『가로로 부르는 노래』, 「천수답 물줄기」

늦장마에 모내기한 벼는 키만 웃자라 추수하는 날은 벼 이삭에 낱알 몇 개뿐이다. 일 년 농사 모두 거둬들여도 쭉정이 빼고 나면 한해 식량도 모자랐다. 천수답은 농부의 노력만으로 해결할 수 없는 천덕꾸러기다. 논 구실도 제대로 못 하면서 들판에 퍼져 앉아 제 평수만 지키는 천수답은 논 같지도 않은 논이다. 그래도 천수답을 희망으로 사시던 아버지는 천수답을 자식 보살피듯 사셨다. 올해는 논물이 좋아서 벼 이삭이 알알이 여물어 풍년이 들었다. 그래도 지난해 이장 집 장리(長利) 쌀 갚을 걱정에 아버지 한숨은 깊어만 갔다.

# 삶과 종교

교회를 다니지 않아도 교회 종소리를 듣다 보면 흙탕물이 침전되어 맑은 물이 되듯이 내 마음도 맑아진다. 종소리를 마음으로 받아들이다 보면 '종은 아파도 울음으로 울지 않는다.'는 걸 안다.

종교를 갖는다는 것은 어떤 절대자에 대한 믿음이다. '하나님이 있다, 없다. 천당과 지옥이 있다, 없다.' 누가 실제로 하나님을 본 사람이 있던가? 누가 천당을 보거나 갔다 온 사람이 있던가? 이런 관점에서 종교는 과학적 근거나 철학적 논리로 설명하기 어렵다.

인간은 갈대처럼 약한 존재이기 때문에 눈에 보이지는 않아도 어떤 절대자에게 의지하려는 마음이 있다. 갑자기 위급한 상황이나 돌발적 순간에 '아이고 아버지' '오 하느님이시여' 자신도 모르게 튀어나오는 말로 보아 과연 신이 존재해서 부르는 것일까.

종교인은 윤리나 일반적 생활 규범도 종교적 논리로 따져서 보통 사람들과 상반된 의견이 많다. 나는 종교에 대해 너무나 비판적이다. 그래서 내게 강요하다시피 전도하는 사람들 때문에 스트레스를 받은 적이 있다.

종교는 강요나 지나친 권유보다는 자기 마음에서 우러나서 스스로 믿는 자만이 참된 종교인이란 생각이다.

80년대 ○○○군 ○○초등학교 근무 시절 이야기다. 4학년 옆반 담임은 교사로서는 도저히 이해가 되지 않는 일을 하고 있었다. 교회 집사라고 하는 선생님은 학교 일보다는 교회 일에 더 신경을 쓰고 있었다. 출퇴근에 들고 다니는 가방 속에는 학생지도에 필요한 교재연구물이 아니라 두꺼운 성경과 교회 홍보물로 가득했다. 근무 시간에도 수업 시간을 제외하고는 틈만 나면 맡은 업무보다는 성경을 읽거나 작은 소리로 찬송가를 불렀다. 교실 환경은 정리한 지 오래되었고 교실 바닥은 정리정돈이 안 돼서 창고 같았다. 어찌 이런 환경에서 성경만 읽을 수 있을까. 도저히 이해가 되지 않았다. 학교 근무는 형식적이요, 오직 교회를 위해서 사는 사람처럼 보였다.

가끔 내 교실로 찾아와서 하나님을 믿지 않으면 큰일이 날 것처럼 지나칠 정도로 나를 설득하려는 태도에 너무도 불쾌했다. 멱살을 잡고 흔들어도 분이 풀리지 않을 정도였다. 그 후로는 교회 이야기로 시달릴 걱정에 마주치는 눈길도 피해 가며 지냈다.

학생들 가르침보다 종교적 믿음에 깊이 빠져 학생 교육에 무책임한 담임을 교체해 달라는 학부모 원성이 있었다. 그래도 교장 선생님은 선생님 생계 걱정에 사표를 강요하지 못했다. 그러나 시간이 갈수록 그 반에 학생들이 점점 희생되는 것은 어찌할 수 없었다. 양비론이지만 사보다 공이 우선 되어야 함에도 결단을 내리지 못하는 교장 선생님은 고민만 깊어갔다. 다행히 선생님이 이듬해에 대전으로 전근되어 다행이었다. 선생님이 전근된 학교에서는 적응을 잘해서 별문제가 없으면 좋겠다는 생각이다.

○○군 ○○초등학교 근무 시절에 있던 일이다. 직장보다 교회를 우선시하는 선생님이 계셨다. 해마다 평일에 하던 운동회를 지역 여건과 학교 형편상 몇 명에 교인들 반대에도 불구하고 일요일에 갖기로 했다. 교회 집사라는 직책까지 가진 선생님은 일요일에 하는 운동회에 불평불만을 거듭하다가 결국에 운동회 날에 결근했다. 운동회 날은 그 선생님이 맡은 부서 공백으로 전체 진행에 차질이 생겼다. 담당 부서에 교사가 없어서 전체질서

가 깨져서 매끈한 운동회가 되지 못했다. 이런 사유로 교감 선생님이 사유서를 쓰라고 했다. 그 말에도 교회 논리로 반박만 할 뿐 자기 부당함을 시인하지 않았다. 다른 선생님들은 그 선생님을 이해할 수가 없었다. 하느님 뒷배가 대단한 사람이라며 농담조로 한마디씩 할 뿐이었다.

믿음이 강했던 두 분 선생님이 50대 나이로 명예퇴직을 하였다는 소식을 들었다. 교단을 떠났다는 소식에 앞으로 맡겨질 아동들에게는 다행이란 생각이 들었다. 그래도 그 선생님과 가족이 걱정되었다. 두 분 선생님들의 지난 일을 생각하니 삶과 종교는 어디까지 깊이를 갖고 살아야 할까?

하느님의 사랑과 부처님의 자비심이 나의 마음이라면 이 세상에 자기보다 더 소중한 것은 없다.

나는 불교 신자가 아니다. 그래도 불교대학을 졸업하고서 불명을 받았다. 무승(無勝)이란 불명이다. 무승은 나에게 불경이요. 성경 말씀이다. 스스로 깨우친 마음으로 '이기지 말고 져 주면서 살자' '더하기보다 빼기 하는 삶으로 살자' 넘침도 없고 모자람도 없이 나는 나답게 져 주면서도 이기는 사람처럼 박수받으며 살자.

작은 박수도 감사하면서 나보다 낮은 사람의 목소리에 더 귀 기울여 살아야겠다.

# 코골이는 싫어

사진을 즐기다 보니 어쩌다 외국으로 출사를 한다. 해외 출사는 많은 경비와 낯선 환경에 적응하며 힘든 일정을 버텨낼 체력이 있어야 한다. 그러나 나는 이런 조건보다는 더 심각한 문제가 있다. 호텔 방에서 코를 고는 사람을 만날까 하는 걱정 때문이다.

해외 출사를 할 때 일행을 잘 만나는 것은 행운이다. 나는 코골이를 만날까 하는 걱정에 숙박하는 여행을 꺼리고 있다. 그러나 어쩔 수 없이 해외 출사에서 무작위로 방 배정에서 코를 고는 사람을 만나면 한잠도 못 잔다. 밤잠을 자지 못한 날은 촬영지로 이동하는 시간에 차 안에서 잠시 졸 듯이 잠을 자는 바람에 하루 일정이 피곤하기만 했다. 이런 경험에 호텔 룸메이트를 스스로 찾게 되었다.

출사 일행이 인천 공항에 모여서 일정을 안내받고 간단히 자기소개가 끝나면 대기 시간이었다. 그 시간을 이용해서 호텔 방 룸메이트를 물색했다. 동행자 없이 혼자 온 사람부터 친밀감을 보이며 코를 고는지 알아보았다.

"서울서 오셨다면서요. 인상이 참 좋으시네요. 훌륭한 사진작가라는 말을 들었습니다. 좋은 분과 동행을 해서 영광입니다."

"별 말씀을…, 여하튼 반갑습니다. 잘 지내봅시다"

"나는 출사 하는 동안에 호텔 방 짝꿍을 잘 만나야 하는데…, 걱정입니다. 선생님같이 분이면 좋을 텐데."

"일행분들 모두가 좋아 보이는데 서로가 배려하며 지내면 다 좋은 분위기로 지내겠지요."

"저는 신경이 예민해서 코 고는 사람하고는 잠을 못 잡니다."

"아 그렇군요. 저는 코를 약간 골아서 코 고는 사람은 신경을 안 써요"

"아, 그러시군요. 그러면 얼마나 좋겠어요. "

이야기를 들어보니 이 친구는 나의 룸메이트는 아니었다. 이런 대화법으로 2,3명 하고 대화를 나누다 보면 다행히 코를 골지 않는 사람을 만날 수가 있었다.

숙박 시설이 다인실인 경우는 애로가 더 많았다. 4명 이상이 한방에서 잠을 자면 코를 고는 사람이 한두 명은 있게 마련이다. 촘촘히 박힌 잠자리에 뒤척이기도 어려운 상태라서 코 고는 소리를 참기란 힘이 들었다. 방바닥이 꺼질 정도로 '드르렁' 소리에 심장까지 울렁였다. 일행들이 세상 모르게 잠자는 모습을 보면 나 자신이 야속하기만 했다. 더는 참지 못해서 자리에서 일어나 출입구에 앉아서 잠을 청해 보았다. 거기까지 소리가 들려서 소리가 들리지 않은 이곳저곳을 찾아 헤매다가 데스크 긴 의자에서 잠이 들려다가 새벽이 왔다. 한잠도 못 자서 피곤한 하루가 되었다.

코 고는 소리는 한정된 방에서만 문제가 아니었다. 캠핑을 좋아하는 사위와 같이 캠핑을 가 심야에서 있었던 일이다. 사위는 코를 많이 골지만 나를 배려하는 마음으로 조심을 해서 나에게 불편을 주지 않았다. 그러나 캠핑장 내에 수십 개의 텐트 속의 여기저기서 들려 오는 코 고는 소리가 문제였다.

초저녁에 온갖 풀벌레 소리로 자연의 소리를 듣는가 싶더니 잠들기 시작하려는 10시를 조금 넘기자 여기저기서 코 고는 소리가 함성처럼 들렸다. 코 고는 소리에 자연에 소리는 어둠에 묻혀 버려 적막에 코 고는 소리는 더 크게 들렸다.

초저녁에 어머니가 다듬잇돌에 방망이 소리 '똑딱똑딱' 장단 맞춰 듣던 경쾌한 소리에 잠만 잘 잤는데 그 맑은소리 어디서 들어볼까.

잠든 아가 숨소리 새근새근 귀 대고 나눠 듣다가 함께 잠이 들던 포근한 숨결을 어디에서 찾나.

심장으로 듣던 소리와 귀로 듣는 소리는 분명히 다른가 보다.

# 장수는 행복 만이 아니다

팔순을 몇 년 앞두다 보니 세월이 참 빠르다는 생각이 든다. 77살을 희수(喜壽)라 하여 그 나이는 죽어도 기뻐할 나이라 했다. 몇 년 전만 해도 장수했다며 축하받을 나이지만 100세 시대에 희수는 축하 잔치도 어색하다.

일흔 살에 돌아가신 아버지 나이에 내 나이 '고희가 되니'

벚꽃 지며 아프다는 소리 한마디 못하고/ 시끄럽던 강물 입 다문지 오래다/ 짝짝이 신발 얼굴 붉히며/ 백발도 짐이라고/ 잃어버린 한 짝 찾을 생각 못 한 채//

이 빠진 달력 너도 따라 늙는가/ 한 해가 하루처럼 짧기만 하다/ 바람이 밀어줘도/ 오르지 못할 길은 오르지 못해/ 바람 따라 사는

것도/ 하루해가 지루기만 한데//

허리띠 졸라매도 허리춤 썰렁하고/ 손자 놈 그림자 밟아 본 지 얼마인가/ 그림자마저 그립다 아우르던 당신/ 떠난 지 몇몇 해//

더는 무너질 것도 없는데/ 서둘러 떠난 당신/ 서산 저녁놀 붉어/ 해는 아직도 저만큼/ 남아 있는데

– 반영동 시집 『가로로 부르는 노래』, 「고희가 되니」

작은아들이 지팡이를 선물로 사 왔다. 결혼 안 한다며 부모 속만 태우다 결혼을 하고서 마음이 달라졌다. 자식을 길러봐야 부모 마음을 아는 것 같다.

할머니와 아버지 어머니는 환갑을 넘기고도 지팡이 짚은 모습을 본 적이 없다. 그런 내게 작은아들의 지팡이 선물은 낯설기만 했다.

요즘 새로 나온 지팡이는 굽은 허리를 지탱해 주는 역할보다는 위급한 상황을 알리는 신호음이 있고, 야간에는 손전등 구실까지 하는 여러 기능이 있어서 늙은 아버지가 걱정되어서 사 온 것 같다.

희수를 넘겨 남자 평균 수명을 살다 보니 남은 인생은 덤으로 산다는 생각이다. 그러나 어떤 사람은 100세 시대라며 100세까

지 사는 것을 욕심으로 생각하지 않는다. 운명은 재천이라 하늘에 달려는데 어찌 수명을 마음에 결심과 노력만으로 될 일인가?

자식들은 100세까지 사는 부모를 모두가 환영만 할 일인가? 삶을 즐기지도 못하면서 숨쉬기만 하는 장수는 삶에 무슨 의미가 있을까. 자기 주변 정리도 못 하는 장수는 오히려 가정과 사회에 문제점이 많다.

오른쪽 무릎이 아파서 어쩌다 작은아들이 사다 준 지팡이를 짚고 다닌다. 마치 아들 손을 직접 잡고서 걷는 기분이 든다. 작은 선물도 부모 마음에 들면 효심이다.

늙을수록 물질적 충족보다는 따뜻한 정이 더 그립다. 보통 자식들은 물질적으로만 부모 마음을 만족시키려 한다. 부모님께 사용법도 잘 모르는 몇백만 원 하는 안마의자보다는 가끔이라도 자기 손으로 직접 어깨 한번 주물러드리는 것이 진정한 효심이 아닐까? 효도는 물질이 아니라 마음이다.

물질이 풍족하다고 마음도 행복할까? 배부르다고 외로움을 모르는가? 소통도 안 되는 TV를 벗 삼아 사는 부모는 자식들 그림자마저 그리워한다. 사람은 배만 채워 사는 것이 아니라 따뜻한 정을 먹고 사는 감정의 동물이다.

돈만으로는 건강과 행복을 갖지 못한다. 그뿐 아니라 무의미한 장수는 자식과 자신 모두에게 좋은 일만은 아니다. 사람들이 아쉬워할 때 죽으면 좋다고 하지만 내 목숨이라고 내 마음대로 할 수 있는가. 죽음은 두려움이 아니라 삶의 한 과정이라 생각하며 하루라도 즐기며 살자. 인생은 양보다 질이다. 100살까지 근심으로 살기보다는 웃음으로 80살로 사는 것이 더 행복하다.

# 4부
# 감나무 집

감나무의 홍시 말랑말랑 단맛 들었네.
만지면 터질 듯 빨대 같은 유혹에 직박구리, 동박새, 오목눈이
아침 밥상 우르르 모여들면
그놈들 괘씸해 단단한 돌팔매 들었다가
주먹 쥔 돌 스르르 내 발등 찍었네

## 나답게 산다는 것

# 감나무 집

우리 집을 주위 사람들이 '감나무 집'이라고 부른다. 20여 년 된 감나무 두 그루가 이 층 지붕까지 자라서 멀리서 봐도 감나무를 쉽게 볼 수 있어서 그렇게 부르는 것 같다.

홍시가 된 감나무를 볼 적마다 어릴 적 고향 집의 감나무가 생각난다. 열매가 넓적해서 대접 감이라 불리는 감나무가 장독대 옆에 있었다. 늦가을이 되어서 장독대 위에 붉은 감나무 잎이 늦가을을 빨갛게 물들이면 어머니는 홍시를 볏짚으로 달걀 꾸러미처럼 만들어서 감나무에다 매달아 놓았다. 그리고 그 홍시를 한겨울에 할아버지 간식으로 드렸다. 눈보라가 치는 겨울밤이면 화롯불에 홍시를 녹여서 할아버지께 드리던 어머니의 손길을 더 따스하게 하던 홍시다.

집에는 홍시 감나무와 단감나무가 있다. 도시 환경인데도 햇빛 바르고 거름이 풍족해서 주위 사람이 부러워할 만큼 주렁주렁 감이 많이 열린다. 작년에는 도시 환경인데도 홍시가 1000여 개, 단감이 400개 정도 열렸다. 주렁주렁 열린 감은 보기만 해도 기분이 좋다. 홍시는 집 앞을 지나다니는 사람들의 눈을 즐겁게 할 뿐만 아니라 홍시를 배경으로 사진을 찍는 사람을 볼 때마다 감나무 심기를 잘했다는 생각이 들었다.

자식들이 부모님의 나이가 많아서 이층집 계단을 오르내리기가 힘들다며 아파트로 이사를 권유한다. 그래도 감나무를 두고서 떠나기가 아쉬워 이리저리 핑계를 대고 있다. 아내도 내 생각과 같아서 이사는 별문제가 되지 않았다.

붉던 감이 홍시가 되어 말랑말랑해지면 이웃에 몇 알씩 나누어 주는 즐거움에 감나무에 더 애착이 간다. 해마다 나무가 너무 자라서 담장을 넘은 가지는 지나다니는 차량에 이마 성할 날 없다. 도시 자연환경에서는 어쩔 수가 없어서 안타깝기만 하다. 아침마다 감나무에 찾아들어 지저귀는 새소리가 반갑다. 그러나 눈치도 없이 홍시를 제멋대로 이것저것 파먹는 새들이 미워서 '불청객'이라고 했다.

감나무 홍시/ 말랑말랑 단맛 들었네// 만지면 터질 듯/ 빨대 같은 유혹에/ 직박구리, 동박새, 오목눈이/ 아침 밥상 우르르/모여들면// 그놈들 괘씸해/ 단단한 돌팔매 들었다가// 뼛속까지 비워 사는 / 날갯짓 가벼워// 갈비뼈 사이로 비쳐 보이는/ 팔딱이는 심장 소리에// 나도 모르게/ 주먹 쥔 돌 스르르/ 내 발등 찍었네

— 반영동 시집 『어머니 가벼워서 업지 못해요』, 「불청객」

아침이면 온갖 잡새들 다 모여들어 홍시로 아침 식사를 한다. '훠이 훠이' 목청을 높여서 쫓아도 먹기에만 바쁘다. 발을 구르며 큰소리로 쫓아도 짹짹 소리만 더 요란하다. 홍시 하나를 정해 놓고서 먹으면 좋으련만 이것저것 주둥이질이니 홍시마다 상처투성이다. 그놈들이 괘씸해서 감나무에 망을 씌워서 홍시를 못 먹게 하려 했다. 그러나 그런 내가 너무나 인색해 보였는지 아내가 '보시하는 마음으로 새들과 나눠 먹자' 하는 말에 나도 내 욕심을 버렸다.

허기진 손님에게 밥 한 끼 준다는 생각으로 마음을 비우니 미운 짓을 하는 새들도 밉지가 않았다.

너희들도 홍시를 먹는 대신에 아침마다 "짹짹 짹짹" 박수로 "찍찌굴 짹째굴" 노래나 불러주면 좋겠다.

# 모순(矛盾)의 창

잘못인 줄 알면서도 인정해야 하는 모순이 우리를 슬프게 한다. 더불어 사는 사회에서는 작은 양보도 큰 기쁨이요. 작은 이해도 큰사랑이 된다. 취미 생활이나 단체 활동에는 생각의 차이, 가치관의 차이, 문화의 차이, 배움의 차이, 생활방식의 차이 등으로 동행에서 모서리가 되는 사람이 있다.

즐거운 마음으로 지리산 노고단으로 등산 가는 날이다. 모두가 건강을 지키고 하루를 즐겁게 보내려는 마음에 참여하는 사람들이다. 순수한 등산으로 참여하는 사람이 있는가 하면 관광버스에서 가무를 즐기려고 오는 사람도 있다.

기분 좋은 마음으로 산행 가는 아침, 서로 아는 얼굴들 반가운 인사에 분위기가 좋다. 10월 산행 패션이라 버스 안에도 노랗게

빨갛게 단풍이 든 것 같았다. 아침 식사를 못 했는지 빵 비닐봉지를 들고서 마지막으로 허리 굽은 노인이 승차하자 버스가 출발했다. 잠시 후에 산악회장이 가을 단풍을 마음껏 즐기고 안전 산행을 당부하는 인사말이 있었다. 인사말이 끝나자 풍년 떡집 절구통 아줌마는 서둘러 화장을 했는지 연지 입술 삐뚤어진 입으로 '지금부터 행복 시작'이라며 "음악 큐" 하며 소리를 지른다. 음악이 쿵작거리자 기다렸다는 듯이 냄비에 콩 튀듯이 대여섯 아줌마들이 볼륨을 높이라며 엉덩이 흔들어 대며 신호를 보낸다.

등을 등받이에 대고서 편안한 자세로 가려 해도 박자도 구분 못 할 큰 음악 소리에 내장까지 울린다. 등을 등받이에 대지도 못하고 허리를 추켜세우고 있자니 피로는 더 하고 괴성 같은 노랫소리에 머리가 아프고 귓속이 멍멍하다. 휴지를 말아서 귀를 막아 보지만 오히려 가슴까지 쿵작거리며 멀미까지 난다.

버스에서 내릴 수도 없고 미친놈처럼 같이 뛸 수도 없어서 난처하기만 했다. 불쾌하고 불편해도 참아야 했다. 참자. 또 참자. 단풍 사진도 찍고 산행도 즐겨 두 마리의 토끼를 잡으려면 참아야 했다. 그러나 더는 참을 수가 없어서 크게 소리를 질렀다.

"달리는 버스 안에서 가무는 불법 행위입니다. 다른 사람에게 피해는 물론이요. 운전에 방해가 되어 우리 모두의 생명이 위험합니다. 제 자리에 앉아서 조용히 갑시다"

이렇게 감정 섞인 말로 항의를 했다. 그러나 내 항의에 동조하는 사람은 몇 명뿐이었다. 내가 전체에 모난 사람이 되었다. 비정상을 정상이라 하는 사람들에게 나는 그들에 모순이 되었다. 그 속에는 그들만의 서로 얽힌 인과 관계가 있어 노출되지 않은 모순이 숨어 있었다. 그들만의 먹이 사슬을 나는 알지를 못한 것이다.

퇴폐적이든 불법적이든 관행적으로 해오던 일은 정상이라는 그들의 논리를 나는 이해 할 수가 없었다.

나는 왜 고달픈 삶에 하루만이라도 즐기려 발버둥 치는 그들의 마음을 헤아려 주지 못하는가. 나만이 고고한 척, 준법에 엄격한 척하며 나는 왜 그들의 작은 욕망마저 빼앗으려 하는가. 그들을 이해해 줄 마음은 없을까? 하면서도 모순에 합리화하려는 있을 수 없는 일이었다.

전체에 모순이 된 나는 기대했던 두 마리 토끼는 물론이요. 갖고 있던 토끼도 놓친 기분이었다. 거기다 스트레스 플러스요, 후회는 A+이다.

의견 차이로 함께 즐기려던 동행의 꿈은 깨지고 말았다. 나는 지금 타고 있는 버스의 음향기기가 고장 나기를 애타게 기다리고 있다. 그들을 이해시키지 못하면 차라리 음향기 고장뿐이다. 이런 내 주장이 모순이라 할 수 있을까? 이것이 모순에서 오는 또 다른 모순이다. 음향기가 고장이 나기만 바라는 나와, 음향기가 고장도 없이 음악이 계속되기를 바라는 그들 중 어느 쪽이 진실일까? 비정상을 정상이라고 우겨대는 사람들 때문에 모순이 또 다른 모순을 낳고 있는 하루였다.

# 수학여행

6학년 담임을 맡다 보니 수학여행에서 아동을 인솔하게 되었다. 모든 경비를 인솔교사가 지참해서 직접 집행하는 시절이었다. 그 시절에 수학여행은 무엇보다도 인솔자 혼자서 많은 돈 관리가 문제였다.

여관방에 들어서면서부터 돈 관리에 고민이 이만저만이 아니었다. 휴대하기 좋은 가방이나 잠금장치가 좋은 가방이 없어서 돈 관리에 걱정이 많았다. 화장실 갈 때도, 식당에 갈 때도, 잠시 방을 비울 때도 돈 가방을 가지고 다녀야 했다.

돈 걱정은 밤이 더 문제였다. 여관방 잠금장치래야 방문을 잠그는 허술한 고리 하나뿐이었다. 잠자기 전에 도둑이 들면 돈을 찾지 못하도록 감추는 방법을 이리저리 궁리해 가며 잠을 잤다.

맨 처음에는 돈을 베개 속에 감추고서 잠을 청했다. 그러나 누구나 쉽게 하는 방법이라서 다시 담요 밑에 깔고 잠을 자려고 했다. 몸으로 돈을 눌려서 도둑놈의 손길을 금방 느낄 수 있을 것 같아 그 방법을 썼다. 그때 문밖에 작은 소리에도 신경이 쓰였다. 눈만 껌벅거리고 잠이 오지 않았다. 이 방법도 아니란 생각이 들었다. 돈을 꺼내 놓고서 고민을 하다가 이번에는 발 고린내가 나는 양말 속에 넣어 아무렇게나 던져 놓고 도둑을 속이려 했다. 이 또 한 빈 양말의 배가 불룩해서 눈에 쉽게 보여 이 방법도 아니란 생각이 들었다.

돈과 씨름을 하다가 새벽 3시가 되었다. 방안 이곳저곳 감출 곳을 찾다가 옷장 위 천장에 맞닿는 곳이 어둡고 눈길이 멀어서 감추기에 적당할 것 같았다. 옷장 위 벽 쪽 귀퉁이에다 돈뭉치를 밀쳐놓으니 도둑이 들어도 절대로 못 찾을 것 같았다. 안심하고 잠을 자려고 하자 먼동이 텄다. 도둑 걱정에 밤을 꼬박 새웠다.

같은 방에서 잠자는 교감 선생님은 아무 걱정도 없이 미소진 얼굴로 잠자는 모습이 너무너무 행보해 보였다.

어젯밤에는 돈 지킴이가 되었다는 생각에 그렇게도 좋아하던 돈이 보기도 싫었다. 돈이 나를 구속했기 때문이다. 돈이 많은 사람은 돈 관리와 투자에 항상 신경을 쓰며 살기에 행복한 일만은 아닌 것 같다. '행복 조건에 돈은 절대적 가치는 아니다'라는 생각이 들었다.

여행을 마치는 날 밤에는 쓰고 남은 돈이 얼마 되지 않아서 주머니에 넣고 만지작거리다 잠이 들었다. 돈이 줄어든 만큼 마음이 가벼워서 편히 잠을 잘 수 있었다.

돈은 너무 많아도 걱정, 없어도 걱정이라는 말이 맞는 것 같다. 돈은 양으로서의 목표보다는 도구로서 가치가 중요하다. 돈과 행복이 비례한다는 말은 착각이다. 요즘 사람들은 돈을 버는 방법에는 영리하지만 쓰는 방법에는 어리석은 사람이 많은 것 같다. 돈의 가치는 저축에 양보다 어떻게 쓰느냐 하는 도구로서 가치가 중요하다.

지나친 소유욕은 불행의 씨앗이다. 욕심은 채우기보다 넘치는 것이다. 넘치는 것은 부족함만 못하다.

주머니에 거스름돈 300원이 딸랑인다. 커피 한잔도 뺄 수 없는 10만 원권 수표보다는 딸랑이는 동전 소리가 더 행복하게 들린다. 200원짜리 자판기 커피는 만원 지폐로는 먹을 수 없으나 100원짜리 동전 2개면 충분하다. 동전 두 개의 가치를 아는 사람만이 행복을 아는 사람이다.

# 군대 이야기

군대를 갔다 온 이야기를 들으면 대개가 고생한 이야기뿐이다. 그렇지만 나는 심하게 고생한 일이 없어서 그 말이 믿어지지 않는다.

군대를 제대하고 예비군 훈련을 받다가 있었던 일이다. 사격 훈련을 마치고 M1 소총을 청소한 후에 부품을 제자리에 맞추지를 못해서 중대장에게 도움을 요청했다.

"중대장님, 분해한 총을 제자리로 맞추지 못하겠습니다. 도와주십시오."

훈련받던 예비군들이 의아한 눈으로 나를 바라보는데 중대장이 하는 말이

"군대 갔다 온 거 맞습니까?"

"예, 저는 당당히 33개월 복무하고 병장으로 제대했습니다."

"소총도 없이 싸우던 당나라 군대 갔다 왔습니까?"

훈련병 모두 웃음바다가 되었다. 말도 안 되는 말 같지만 나는 그만한 사유가 있다. 군대는 병과에 따라서 총기를 다루는 횟수가 달라서 총기 다루는 능력도 차이가 있게 마련이다.

나는 논산 훈련소에서 사격 훈련을 해 보고는 복무 중에 한 번도 사격 훈련을 해 본 적이 없다. 총기를 만질 기회는 녹슨 칼빈총을 메고서 보초를 선 것이 전부였다. 병참사령부 행정병이라서 총을 만질 기회가 없어 총에 대한 상식은 훈련소에서 배운 것이 전부였다.

이런 과정을 겪다가 제대를 하였으니 총의 구조나 사격 방법을 잘 알 리가 없었다. 그래서 군대를 갔다 온 사람들이 고생한 이야기를 할 때 나는 그 이야기에 별로 공감이 가지 않았다.

보충대 교육을 마치고서 부산 해운대에 있는 ㅇㅇ사령부에서 복무하게 되었다. 졸병 시절이라서 하루에 두 번씩 보초를 서는 것이 일과였다. 해운대 제 3부두에서 보초를 섰다. 당시 관광지로 개발되지 않았어도 계절에 따라서 아름다운 바다 풍경에 항상 관광객이 있었다. 보초는 적의 동향 감시나 외부 침입자를 찾는 일이지만 나는 내 눈 앞에 펼쳐지고 있는 아름다운 풍경에 빠져서 보초 임무를 깜빡 잊기도 했다. 놀러 온 사람들이 가끔 보초를 서고 있는 나에게 위문품을 전달하듯이 먹다가 남은 음식을 몰래 전해주고 갔다. 사회와 단절된 군대 생활에서 숨어서 먹는 사식이지만 행운 중 행운이었다.

복무한 지 얼마 지나지 않아 또다시 집에서 가까운 조치원 병참 파견 부대로 전출되었다. 그 부대는 작은 소대 병력으로 가족 같은 분위기였다. 그 부대에서 군대 생활을 할 때는 부대 근처에 중 · 고등학교 친구들이 많이 살고 있어서 자주 볼 수가 있었다. 헌병들도 내 친구들 앞에서는 나를 함부로 대하지 못해서 텃세하는 기분이 들게 했다. 부대 내에는 충북 출신으로 충주의 병태, 진천의 범홍, 기웅이가 4총사가 친형제처럼 지냈다.

너무도 친하게 지내서 '네 주머니에 돈도 내 돈이고 내 주머니에 돈도 네 돈'이라 할 정도로 다정했다. 함께 외출하는 날에는 항상 보직이 좋은 친구가 밥을 샀다. 나는 그 친구가 부러워서 파견 대장에게 보직을 변경해 달라고 요청을 했다.

“파견 대장님, 저도 행정 업무를 1년 이상 보았습니다. 저도 이제 외근으로 보직을 변경해 주십시오” 했다. 그러나

“너는 머리가 좋아 안돼” 하는 말만 들었다.

그 말이 무슨 뜻인지 지금도 알 수가 없다. 군대는 아이큐로 부대 배치를 하지 않기에 그 말이 더 아리송했다. 그러나 보직 변경을 받지는 못했어도 행정사무로 문서를 많이 다루게 되었다. 이런 경험이 제대하고서 직장에서 공문서 작성에 많은 도움이 되었다. 파견 대장의 선견지명은 아니어도 제대 후에 나에게는 좋은 일이 되었다.

군대에서 고생한 이야기는 보직에 따라서 경험의 차이뿐이란 생각이다. 군대 생활에서 전투병 못지않게 내 임무를 성실히 수행했다는 자부심으로 총을 반질반질하게 닦아서 반납해도 병장 계급이 부끄럽기만 했다.

# 사진 미학
## – 김치가 웃음이라고요

생활로 즐기는 사진과 예술적 가치가 있는 사진은 분명히 다르다. 예술적 가치가 있는 사진은 일반적 사진보다 어떤 관점이나 의식적 시선이 필요하다. 예술적 가치가 있는 사진은 가슴으로 영혼을 보려는 작품이어야 한다. 사진기의 셔터가 열리고 닫히는 작동도 손가락이 아니라 가슴으로 셔터를 누르는 가슴 벅찬 환희이어야 한다. 그러나 일반적 사진은 피사체를 보는 눈이 한정되어 사실적 묘사로 보는 이로 하여금 깊은 감명이 없다.

푸른 가을 하늘 높이 뭉게구름 속삭임이 고요하기만 하다. 코스모스 붉게 물들여 서로 안길 듯 말 듯 가을을 노래하고 있다. 코스모스 향기 속에 아름다운 자연을 함께 하려는 사람들이 사진사 앞에 모였다.

사진사가 '김치'하며 억지로 웃음을 강요한다. 화난 놈도 웃고, 못난 놈도 웃고, 슬퍼도 웃고, 잘 난 놈은 잘나서 웃으라고 한다. 이것이 웃음일까? 김치일까?

억지로 웃음을 웃으려 해도 마음에 없는 웃음이 금방 튀어나올 리가 없다. 입술을 조금 벌리고 이빨 내밀었다고 웃음일까? 진정한 웃음은 내면적 표출이다. 긍정적 마음에서 솟구치는 희열에 산물이다.

제 사진만 고집하는 사진작가들이 김치를 찍어 놓고서 웃음이라 한다. 이런 사진은 좋은 사진이 아니다.

사진기가 사진사 말에 고분고분 따라서 하던가. 사진기가 사람의 마음을 헤아려 그 마음 그대로 반영해 줄까. 카메라는 감정도 없고 생각도 없다. 사실을 사실대로 표현할 뿐이다. 사진은 사진기의 원리와 빛의 조건에 따라서 출력된 빛의 산물이다. 우연히 아름다운 작품사진을 갖는다면 그 사진은 하늘이 준 선물이라 생각하라.

사진 예술의 본질은 아름다움을 창조하는 일이다. 일반적으로 아름다운 풍경을 단순히 사실적으로 복사하듯 찍은 사진은 예술작품이라 할 수 없다. 사진이 예술적 가치성을 높이려면 나만의 독창성과 예술적 가치를 더 아름답게 승화시킨 것이 좋은 작품사진이다. 좋은 사진은 시각예술의 특성을 살려서 삶에 가치가 있어야 한다.

택시를 타다 보면 어떤 택시 기사는 자기 아들이나 딸, 등 가족에 사진을 코팅해서 작은 공간에 비치해 놓고 있다. 가끔가다 사진 속 인물과 침묵의 대화를 한다. 제 눈에 안경이라 하지만 내가 봐도 예쁜 사진이다, 못생긴 얼굴도 성형 수술(포토샵)을 해서 예뻐 보였다.

사진 속의 인물은 대부분 웃음 짓는 얼굴이다. 사랑하는 사람의 사진은 바라봐도 힘이 들 때 용기가 되고 짜증스러울 때는 위로가 된다. 항상 긴장하는 운전기사는 피로하고 마음이 어수선할 때는 가족사진을 보는 것이 안정제요, 안전 운전의 신호가 된다. 가족들 사진은 침묵의 대화만으로도 마음이 따뜻하다.

나는 핸드폰 첫 화면에 손자 두 놈이 손을 맞잡고 웃는 모습을 등록해 놓고서 자주 본다. 손주 놈을 볼 적마다 깨물고 싶을 정도로 귀여워 앤돌핀이 돈다. 핸드폰 속의 손자와 간접 대면만 해도 하루 해가 즐겁다. 하는 일이 무료하거나 일이 마음대로 풀리지 않아 기분이 우울할 때는 손자들 웃는 얼굴을 한참 바라보면 마음이 풀릴 때가 있다. 마음이 허전하고 외로울 때는 손자 사진을 보면서 남이 갖지 못한 보물을 나만이 가졌다는 생각으로 마음을 달랜다.

진정한 사진 예술은 미보다는 삶이며 자연과 삶 속에 숨어 있는 혼을 찾아서 거짓 없는 자기 생각이나 철학이 녹아 있을 때 사진의 가치가 높다.

우리 집안 벽면에는 명화나 풍경 사진 한 장 없다. 심지어 가훈마저 걸지를 않았다. 30평 실내에는 가족사진과 손자들 사진뿐이다. 그놈들 귀여운 모습이 돈 주고도 살 수 없는 명화요. 그놈들 웃음이 가훈이다.

# 옛날이야기

겨울밤 화롯가에 손자 손녀 옹기종기 모여 앉아서 할머니 옛날이야기를 듣는다. 생각만 해도 그림 같은 풍경에 정감이 간다. 할머니의 이야기를 듣던 막내가 졸다 할머니 무릎을 베고서 스르르 잠이 든다. 모두가 이야기에 빠져서 침을 꼴깍 삼킬 정도로 긴장감이 돈다. 일찍이 잠든 막내는 할머니가 들려주던 도깨비가 꿈속에 나타났는지 잠꼬대로 뒤척이다가 다시 잠이 들었다.

옛날이야기를 듣다 보면 사실보다 아동들 구미에 맞게 그럴듯하게 꾸민 이야기라서 재미가 있다. 옛날이야기의 주된 주제는 '호랑이와 도깨비' 같은 귀신 이야기가 많았다. 무서운 이야기는 아이들이 무서워하면서도 긴장감이 있어서 좋아했다. 무서운 이야기는 이야기를 듣는 상대에 따라서 어감을 달리하면 더 흥미있어 했다.

1970년대만 해도 옛날이야기를 잘해 주는 선생님이 공부를 잘 가르치는 선생님 못지않게 인기가 좋았다. 그 당시에는 학생들이 옛날이야기에 관심이 많아서 담임 교사는 옛날이야기 한두 개는 알고 있어야 했다. 지금은 다양한 영상 자료로 실제 체험처럼 보고 들을 수가 있어서 청각으로 들려주는 이야기는 별로 흥미가 없다. 지금도 남아서 행해지고 있는 이야기로는 동화 구연 정도다.

나는 학생들 구미에 맞는 옛날이야기가 별로 없고 더욱 말재주가 없어서 아동에게 큰 인기를 얻지 못했다.

어릴 적에 어머니한테 자주 듣던 "죽일테니" 이야기가 머릿속에 인상 깊이 남아 있어서 그 이야기가 아동들 단골 메뉴였다.

옛날에 아주 먼 옛날에……〈중략〉……

산 넘고.. 물 건너……〈중략〉……

친정아버지가 시집 보낸 딸 집을 몇 년 만에 찾아갔다. 찢어지게 가난하게 사는 딸은 반가움보다 한 끼 식사가 더 걱정이었다. 딸은 없는 살림에 정성껏 점심 밥상을 차려 드리며 조심스럽게 말했다.

"아버님, 저녁에 죽일 테니까. 점심을 많이 드세요"

라고 하자 밥을 먹던 친정아버지가

"아니 이 년이 밥 한 그릇이 아까워서 나를 죽여"

"아버님 그게 아니라 저녁에 죽일테니까. 그렇다고요"

"아니 그래도 또 죽인다고."

딸은 죽(먹는)일 테고 아버지는 죽여(목숨) 로 '죽일테니' '죽여'가 상반된 생각이었다. 옛날이야기에 흥미로운 부분을 잘 활용하면 학습 동기 유발에 도움이 되었다. 지루한 설명보다 순간적으로 재미를 느끼는 짧은 이야기는 학생들 주위 집중시키기에 좋은 언어 매체였다.

시끄럽던 교실이 옛날이야기를 해 준다는 말만 들어도 갑자기 조용해질 정도로 아이들이 옛날이야기를 좋아했다. 좋은 이야기는 학습 내용과 관련지어 수업하면 학습 활동이 활발해졌다. 그뿐만 아니라 아동들을 학습 활동에 적극적으로 참여시키려 옛날이야기를 해 주기로 아동들과 약속을 하기도 했다.

옛날이야기는 말하기와 듣기의 언어 구성이다. 말을 잘하려면 듣기를 잘해야 하고 듣기를 잘해야 말도 잘할 수 있다. 옛 속담에 '말은 갈수록 늘고 봉송은 갈수록 준다'는 말이 있다. 말은 사실에 다 더하기도 빼기도 해서는 안 된다는 의미 있는 말이다. 바른 언어 소통은 잘 듣고 정확히 말하기다.

# 수필의 향기
## – 수필 창작반 입문기

수필을 내 심장 소리로 쓰고 싶다. 여러 해 동안 시로 다져진 습관이 쉽게 바뀔지 모르겠다. 수필을 통해서 더 좋은 시를 쓸 수 있을까? 하는 마음에서 수필을 공부하기로 했다.

시만 사랑하다가 수필을 쓰면 어떤 문제점이 있을까? 하는 걱정이지만 지금까지 경험한 시와 사진, 사진과 그림을 복합적으로 배워서 그것이 도움이 될 것이란 생각이다.

사진과 시를 즐기면서 '시를 줄여 쓴 것이 사진이요. 사진을 풀어 쓴 것이 시'라고 생각해 왔다. 시각예술의 대표적인 사진과 그림을 보면서 내 사진은 나름대로 회화 쪽으로 접근해 있다. 이런 내 작품에 대해서 사진가들은 사진에 덧칠한다며 혹평이고 그림을 그리는 사람들은 평면예술에 참맛이라며 극찬이다.

사람들이 '잘 그린 그림을 보고서 사진 같다 하고 잘 찍은 사진을 보고서 그림 같다.' 한다. 이처럼 문학 장르에서 시가 수필 같으면 어떻고 수필이 시 같으면 어떠하랴. 하는 내 생각이다.

시는 '톡'하고 쏘는 맛이 있는가 하면 수필은 '찡'하는 울림이 있다. 시는 한 어종을 낚아채는 낚시라면 수필은 다양한 투망 질 같은 표현이다. 언어의 순환 과정에서 시는 설명적 진술을 생략하는 글이다. 반면에 수필은 진솔한 경험으로 자연과 통찰에서 오는 감성적 언어다.

시는 수필을 줄여 쓴 것이 아니라 새로운 언어의 생성이며 비틀지 않은 압축이다. 시와 수필은 문학으로서의 분명히 경계선을 갖고 있다. 그렇다고 나는 글마다 시와 수필을 고정 틀에 맞춰 글을 쓰고 싶지 않다.

충북대학교 평생학습관에서 수필을 공부하게 되었다. 평생학습관에서 공부는 입학 기준이 없어서 개인차를 고려한 수업을 하기란 그리 쉽지가 않다. 그러나 내가 등록한 수필 반은 수강생 개인차를 고려한 수업이라서 다행이었다. 이렇게 좋은 학습법으로 몇 학기를 공부하면 나도 향기 나는 수필을 쓸 것 같다.

학습의 성과는 분위기가 반은 차지한다. 소문대로 분위기 좋은 수필 반이라서 조금만 노력하면 좋은 수필이 써질 것 같다. 특히 선배 수강생님들의 따스한 배려로 시작부터 즐겁게 수필을 배울 수 있었다.

시에 뚝 살 박힌 손으로 가볍게 수필을 쓸지는 몰라도 수필에 시를 접목해서 시가 되든 수필이 되든 생명력 있는 글이면 좋겠다.

바다에 점을 찍어 섬을 그리고 하늘에 점을 찍어 별을 헤아리는 마음으로 자연에 울림이 있는 글이면 더 좋겠다,

목요일(매주 수강 요일)이 목 빠지도록 기다려지는 새벽 1시다. 이제껏 써 논 수필이 한 사람 마음도 잡지 못할까? 걱정되는 마음에 써 놓은 수필을 고쳐 쓰기를 일곱 번 하다가 늦잠이 들었다. 그래도 항상 기다려지는 목요일이다.

내 가슴 속 깊이 숨겨진 수필의 향기는 언제 맡을지 모르겠다. 좋은 수필을 쓰려면 어렵고 힘이 든다. 그래도 가슴으로 품어 보자. 수필은 분명히 향기가 있을 것이다.

# 셋방살이

결혼을 하고서 일 년이 지나 자식이 생겨서 가족 수가 늘었다. 첫 자식이란 기쁨보다는 월세로 사는 집주인의 눈치 보는 일이 더 걱정이었다.

그 당시는 가족이 많으면 셋방을 주지 않으려는 분위기였다. 셋집을 쉽게 구하려면 가족 수를 줄여서 말하거나 말썽꾸러기 막내는 숨겨서 말을 하기도 했다. 집주인과 약속한 가족 수가 들통날까. 이사를 하고 난 후에 주인 눈치를 봐가면서 가족 수를 솔직히 말하는 사람도 있었다.

집주인도 입주할 가족 수에 신경을 쓰는 것도 당연했다. 같은 공간에 사는 사람이 많을수록 생활 동선이 겹쳐서 공용시설 사용이 더 불편하기 때문이다. 특히 집마다 하나뿐인 변소를 여러 사람이 쓸수록 불편이 심했다. 인체 생리작용은 참는 것도 한계가 있기 때문이다. 어쩔 수 없이 비상용으로 요강을 준비해 놓고서 사는 사람이 있을 정도였다.

어른들이야, 집주인에 눈치를 봐가며 조심스럽게 살아도 되지만 어린아이들은 본능적 행위를 억제하기가 어려워서 문제가 많았다. 철모르는 어린 자식의 울음소리가 주인 귀에 들릴까. 하는 걱정에 자식의 입을 막고서 울음을 달래려는 부모 마음은 오죽했으랴.

까탈스러운 집주인을 만나면 더 마음을 졸여가며 살아야 했다. 조그마한 일에도 관여하고 마치 제집 하인처럼 대할 때마다 가난이 죄라는 생각이 들게 했다. 임대 계약서도 애매모호 해서 집주인이 자기 마음이 내키는 대로 해서 집 없는 서러움이 컸다. 셋집에 불평이라도 하면 방을 빼라고 할까 함부로 말도 못 했다. 세입자는 불편도 불만도 삭여가며 살아야 했다. 어떤 때는 생활방식도 집주인을 따라야 했다.

이런 환경에 적응하면서 사는 것도 가난을 이기려는 지혜였다. 한집에 함께 살면서 불편을 불만으로 따지지 않고 서로가 마음에 상처 주지 않으려 노력하며 살았다.

셋방살이를 6년간 하는 동안 이사를 네 번이나 했다. 집 없는 서러움을 겪다가 작은 집을 사서 이사를 하게 되었다. 그 당시에는 농가 주택 사랑채도 세를 놓고 있었으니 움막집도 내 집이면 행복한 일이었다.

내 집으로 이사 오던 날, 대문 옆벽에다 내 이름 문패를 달 때 눈물이 날 정도로 기뻤다. 너무나 기쁜 마음에 대문을 활짝 열고 '반영동' 집이라고 소리를 질러보고 싶었다.

세를 살면서 여닫는 방문 소리를 조심하고, 주인이 사는 방 앞을 지날 적마다 발소리를 죽여가며 살던 일이 내 집에 와서도 며칠 동안은 그 습관을 버리지 못했다. 셋집 분위기에 오래 맞춰가며 살았기에 처음엔 내 집에 와서도 내 집이 내 집 같지가 않았다. 셋집에 생활습관을 쉽게 버리지 못했기 때문이다.

작은 집에서 산 지 5년 만에 큰 집으로 이사를 했다. 세를 놓고 살 정도의 큰집이었다. 내가 겪은 셋방살이 서러움을 다른 사람에게는 주지 않으려는 마음으로 세를 놓았다. 내가 손해를 보더라도 양보하며 살았다. 이런 마음으로 세를 놓아서인지 집주인이 좋다는 말에 빈방은 오래가지 않고 금방금방 세가 나갔다.

세입자에게 말 한마디도 듣기 좋은 말을 했다. 세입자에게 '우리 집에 세를 들어 사는 사람' 보다는 '우리 집에 같이 사는 사람'이라 했다. 같은 조건이지만 어감은 크게 달랐다. 세를 산다는 말은 상대방에게 위축감이 들지만, 같이 산다는 말은 동등한 입장이란 생각에서였다. 세입자들은 처음에는 별 의미 없이 생각하다가 '같이'란 말이 자기들을 더 존중한다는 걸 알고서는 좋아했다. 말 한마디도 조심해서 사소한 일로 얼굴을 붉히지 않도록 했다.

내가 집 없는 서러움을 겪었기 때문에 세입자에 편의 봐줄 일 있으면 마음껏 도와주려 했다. 명절에는 세입자에게 작더라도 선물을 했다. 그뿐만 아니라 어린이날에는 세입자 어린이에게 적은 용돈을 주면서 축하해 줬다.

한 가족 분위기를 살리기 위해서 비 오는 날이면 세입자 모두를 불러 모아 담장에 열린 애호박으로 빈대떡을 만들어 막걸리를 나눠 먹으며 다정하게 지냈다. 흔히 불리는 사장이나 집주인이란 말 대신에 '형님, 아우'로 아우르며 화기애애하게 지냈다. 지금은 인구가 줄고 원룸이 많아서 옛날같이 세를 놓기도 쉽지가 않다.

빈방 하나가 있어서 세입자 구하는 알림판을 대문에 걸었다. 공문서 같은 격식에 경직된 말보다는 세입자 마음을 끌 수 있는 말로 바꿨다.

"자유로운 공간에서 가족처럼 지낼 분을 찾습니다.

방2, 거실, 화장실 겸 욕조 깨끗합니다.

입주조건은 오시는 분 마음에 맞춰 드리겠습니다.

반갑게 맞이할 연락처는 010-9085-3499, 043-262-0278"

빈방을 바라보는 허전함에 입금되는 월세보다는 사람이 그립다는 내 뜻을 아는지 모르겠다. 세입자가 찾아와도 망설여지는 사람이 있다. 바로 '웃는 얼굴에 침 뱉는 사람'이다.

# 취미와 등산

요즘 사회는 다변화 시대로 각자 개성에 따라서 취미가 다양해 졌다. 그것은 어디까지나 자기 취향에 따라서 즐기는 일이라서 어떤 취미는 좋고 나쁘다며 단정하기 어렵다. 그러나 다른 사람이 보기에 왜 저런 걸 취미로 할까. 저것도 취미일까 하며 비웃는 사람도 있다. 마치 허영심과 오락성으로 하는 사람을 두고 하는 말 같다.

취미활동은 어떤 목표를 갖고서 하기보다는 과정을 즐겨야 한다. 학생들이 취미가 독서라고 하면 우스운 일이 아닌가? 책을 읽고 배우는 것이 본분인 학생은 취미로서의 독서가 아니라 학습으로서의 독서이기 때문이다. 학생에게 독서는 선택이 아니라 절대적 필수 요건이다.

장수 시대에 좋은 취미는 건강 비결이기도 하다. 좋은 취미는 생활에 윤활유 역할로 삶에 활력소가 된다.

사람들 취미를 보면 많은 사람이 등산이라 한다. 등산은 전신 운동으로 남녀노소 누구나 즐길 수가 있어 좋다. 등산은 특수한 장비가 필요 없어서 활동도 간편하다. 우리나라 국토에 70% 이상이 산이다. 산이 많아서 사시사철 계절 따라서 아름다운 경치는 등산에 매력을 갖게 한다. 짝이 없으면 없는 대로 있으면 있는 대로 그룹이면 그룹대로, 동행자가 없으면 혼자서도 얼마든지 즐길 수 있는 것이 등산이다.

등산은 시간과 장소에 크게 구애를 받지 않는다. 그래서 등산을 취미로 하는 사람이 많은 편이다. 경제적으로도 부담이 적고 골치 아프게 어떤 특별한 기능도 필요치 않아 누구나 손쉽게 즐길 수 있다.

산악회를 가면 등산보다 가무를 즐기려고 오는 사람이 있다. 이런 사람 때문에 등산에 순수한 이미지가 깨질 때가 있다. 등산은 유희가 아니라 운동이란 사실이다.

등산으로 모인 사람 중에는 옷과 장비에 너무 신경을 쓰는 사람이 있다. 마치 패션쇼에 참가해서 옷 자랑하는 사람처럼 보인다. 옷을 자랑하는 사람들의 이야기를 귓전으로 듣다 보면 머리부터 발끝까지 자신 몸에 지닌 옷값이 300만 원이 넘는다는 사람도 있다. 산을 오르는데 비싼 옷이 평범한 옷보다 활동하기가 오히려 더 불편하다. 비싼 옷은 더럽힐까 앉을 자리 망설여지고 나뭇가지 걸려서 옷이 상할까, 조심 속에 발걸음이 유쾌하지 않다.

취미다운 취미라면 자기에게 맞는 일을 즐기는 일이다. 자기 적성에도 맞지 않고 경제적 부담이 크더라도 허영심으로 참여하는 취미는 선택부터 잘못이다. 바람직한 등산이라면 보이기 위한 형식보다는 동행의 즐거움과 산행으로 얻어지는 건강이다.

# 사진 출사

내가 사진을 배우기 시작할 무렵에 출사 갔던 이야기다. 동아리 회원은 도내에서 인정하는 이름난 작가가 많고 분위기가 좋아서 사진작가들 누구나 부러워하는 사진 동아리였다. 사진 초년생인 나에게는 회원 모두가 사진 대 선배들이었다. 4월 출사지로 충주호 물안개 촬영하는 날이었다. 목적지에 도착해서 나름대로 촬영 포인트를 찾고 있을 때였다. 모든 회원은 다리 중간 대피소에 모여서 촬영 준비에 바빠 보였다. 그중에 한 회원이 나를 불러서 타이르듯이 말했다.

"사진을 배우는 사람이 일행을 따라다니며 배워야지 왜 딴짓이냐"며 핀잔을 주었다. 나는 그 말이 싫어서 그의 말을 귓전으로 하고 그들이 주로 찍는 장면을 벗어나 내 나름대로 촬영할 곳을 찾았다. 이런 나를 보고서 회원들이 배우는 자세가 틀렸다며 또

다시 훈계처럼 말을 했다. 그래도 나는 들은 척도 안 하고 내 생각대로 촬영했다. 그해 가을이 되어 사진 동아리 회원전을 갖게 되었다. 전시회가 있는 날에 회원들이 내 사진을 보고서 '어디서 찍은 사진이냐' 묻길래 당신들과 함께 충주호에서 찍은 사진이라고 했다. 충주호에 그런 장면이 있었느냐면서 의아해했다. 그러나 그들은 내 사진의 남다른 점을 알면서도 인정하지 않았다. 그들과 나는 좋은 사진에 대한 인식이 달랐기 때문이다. 회원들과 사진을 보는 관점의 차이로 불화가 있어서 3년 넘게 동행하던 동아리를 탈퇴하여 내 사진만 하고 있다. 그들은 지금도 어느 계절에 어느 곳은 어디서 찍는다는 고정 틀을 깨지 않고 있다. 그들의 사진을 보면 누구 사진인지 이름표를 단 것처럼 쉽게 알 수 있을 정도로 틀에 박힌 사진들이다.

나는 나름대로 그림 같은 사진을 찍어서 오히려 미술계 화가들이 더 많은 관심이 있다. 사진은 시선의 차이다. 무엇을 찍느냐보다 어떤 시선(방법)으로 찍느냐가 더 중요하다. 사진을 잘 찍으려면 대상을 보는 눈이 있어야 한다.

좋은 사진은 어떻게 찍을까? 나에게 묻는다면 나는 서슴없이 "사진기 셔터를 가슴으로 눌러라"라고 말해 준다. 보이는 장면에 감동되어 나도 모르게 저절로 셔터를 눌렀을 때 좋은 사진이 된다는 말이다. 디카 사진기라고 해서 확률적으로 사진을 찍으면 안 된다. 양으로 사진을 찍다 보면 거의 비슷한 사진이 많아서 특별한 사진 한 장 없어 오히려 시간 낭비다. 혹시나 하는 마음으로 확률적인 사진은 도박 같은 일이다. 사진 속에 내 마음이 담겨야 내 사진이다. 사진에서 이미지는 초점의 결정체다. 내 혼이 담겨 있는 작품이야 살아있는 작품으로 남는다. 생명이 있는 작품만이 가치를 느낀다. 나도 내 사진을 독자들과 공감하고 싶은 마음을 '카메라에 담았습니다'로 사진이 누렇게 빛바래기 전에 시 한 편에 담는다.

당신이 마음껏 피운 웃음/ 맨눈으로 볼 수 없어/ 카메라에 담았습니다// 당신이 머문 자리 너무 뜨거워/ 맨 가슴으로 느낄 수 없어/ 카메라에 담았습니다// 당신이 준 정 너무 깊어/ 빈손으로 잡을 수 없어/ 카메라에 담았습니다// 당신이 걸어오신 길 너무 아름다워/ 가시는 길 지워질까/ 카메라에 담았습니다

– 반영동 시집 『가로로 부르는 노래』, 「카메라에 담았습니다」

# 혼자라서 더 아프다

1970년대는 가난한 사람이 많아서 한 학급에 10% 정도의 학생은 수학여행을 가지 못했다. 요즘은 이웃돕기나 후원자 또는 학교 지원금으로 모든 학생이 수학여행을 갈 수 있다. 그러나 그 당시에는 한 사람의 수학여행경비는 한 가족의 일주일 식량 값이다. 이런 실정이라서 여유 있게 수학여행에 참여하는 학생은 많지가 않았다. 그 시절에 수학여행경비는 지금에 저렴한 해외여행경비에 버금가는 큰 금액이었다.

가난한 시절이라서 내가 맡은 학급에도 다섯 명은 수학여행을 가지 못할 처지였다. 다행히 학교에서 해마다 수학여행 기금 조성으로 벼 이삭줍기를 해서 판매한 금액으로 2명은 참석할 수 있었다. 나머지 3명이 문제였다. 고민 끝에 내가 할 수 있는 최상의 방법으로 2명을 참가시키기로 했다. 그러다 보니 외톨이로 남은 효근이가 문제였다. 나는 빈부격차의 공통분모를 찾을 수가 없었다.

나도 학창시절에 집안이 가난해서 중학교 수학여행을 가지 못해 마음 아파한 적이 있다. 집안 형편은 생각지도 않고 어린 마음에 부모님만 원망했다. 돈이 없는 것을 부끄러워하며 부모님을 미워하기도 했다. 이틀이나 방안에서 밥도 먹지 않고 숨어 지냈다. 부모 마음을 헤아리지 못한 어리석은 행동이었다. 이렇게 수학여행을 가지 못한 아픈 기억에 불참하는 학생들 마음을 누구보다 잘 알고 있었다.

홀로 남게 된 효근이는 어떤 위로로도 마음을 달랠 수가 없었다. 잘못하면 상처만 더 줄 것 같아서 신경이 쓰였다. 수학여행 출발하기 전에는 효근이의 침묵조차 부담스러웠다. 출발 하루 전에 학생들 마음이 뜰 떠서 야단이었다. 그러나 교실 귀퉁이에 웅크린 효근이는 마치 도살장에 끌려 와서 죽음을 기다리는 황소 눈망울보다 슬퍼 보였다. 그의 눈물은 영원히 잊을 수 없어서 내 마음에 빚으로 남았다. 억지라도 효근이를 데려가려고 해도 그 당시는 내 힘으로는 도저히 감당하기 힘든 일이었다. 마지막 눈물을 닦아 줄 사람이 없어서 더 슬펐다.

학교에서 출발한 버스가 자기 동네 앞을 지날 때 효근이는 분명히 자기 집 담 모퉁이에 숨어서 눈물로 손을 흔들었을 것이다. 여행을 마치고 돌아오던 날 친구 몇 명이 건네는 작은 선물도 효근이 마음을 달래기에는 부족했다. 혼자 남아서 울었을 효근이 울음을 잊을 수가 없다. 언젠가 '비워서 아름답다' 책 한 권 선물하고 싶다.

도움받지 못한 효근이는 초등학교만 졸업하고서 수학여행을 가지 못한 것이 한이 되어 지독하게 돈을 벌었는지 몰라도 작은 회사의 대표이사가 되었다. 효근이도 누군가에 도움을 받아서 수학여행을 같이 갔다면 의타심이 생겨서 돈으로 성공하지 못했을까 하는 반의로 생각을 해 보았다. 그렇지만 그것은 억측이란 생각이다. 부자는 감정과 욕심만으로 이룰 수 없기 때문이다.

심지 수필선

# 나답게 산다는 것

2021년 10월 30일 초판 1쇄 발행

지은이 반영동
펴낸이 윤영진
홍보 한천규
펴낸곳 도서출판 심지
등록 제 2003-000014호
주소 34570 대전광역시 동구 대전천북로 12
전화 042 635 9942
팩스 042 635 9941
전자우편 simji42@hanmail.net

ISBN 978-89-6627-208-2 03810

* 이 책은 충청북도, 충북문화재단의 후원으로 발간되었습니다.

충북문화재단
Chungbuk Cultural Foundation